Daniela Graf / Ekkehard Muther (Hg.)

STREITEN UM DEMOKRATIE

Beiträge zur Verfassungsdiskussion

GEGRÜNDET
1999

Daniela Graf / Ekkehard Muther (Hg.)

STREITEN UM DEMOKRATIE

Beiträge zur Verfassungsdiskussion

Czernin Verlag Wien

Die Veröffentlichung dieser Publikation wurde ermöglicht durch die Grüne Bildungswerkstatt.

Die Deutsche Bibliothek – CIP Einheitsaufnahme
Graf, Daniela / Muther, Ekkehard (Hg.): Streiten um Demokratie – Beiträge zur Verfassungsdiskussion. Daniela Graf, Ekkehard Muther (Hg.)
Wien: Czernin Verlag 2002
ISBN 3-7076-0144-7

Art Direction: Bernhard Kerbl
Lektorat: Herbert Nikitsch
Fotos (inkl. Cover): Gerhard Klocker
Herstellung: Die Druckdenker GmbH, Wien
Druck: Druckerei Theiss GmbH, A-9431 St. Stefan
ISBN 3-7076-0144-7

Inhalt

Vorwort

Demokratie ist das beständige Bemühen, die Ausübung von Macht nur auf der Grundlage und in den Schranken der Gewaltenteilung und der Grundrechte zu dulden. Und wie jede Errungenschaft der Zivilisation ist Demokratie, dieser Versuch, die Macht zu zähmen, von prekärer Natur: Sie existiert immer nur auf Widerruf, ist stets umstritten. Die Gesellschaft muss um Demokratie kämpfen, wenn sie sie bewahren, muss sie erneuern, wenn sie sie stärken will.

Heute wird Demokratie von zwei Seiten bedroht: vom Neoliberalismus und von der politischen Rechten. Der Neoliberalismus sieht den Staat bloß als Behinderung des Marktes, an dessen selbstreinigende Kraft er glaubt, und betreibt unter dem Deckmantel der so genannten „Abschlankung" den Umbau dieses Staates – vom Garanten einer sozialen und ökologischen Verträglichkeit zum reinen Sicherheitsstaat, wie er u. a. im Schengener Abkommen festgeschrieben worden ist. Der Einfluss der neoliberalen Weltanschauung reicht heute bis weit in die Parteiführungen der traditionellen Linken, insbesondere der britischen und der deutschen Sozialdemokratie. Doch die politische Speerspitze des neoliberalen Umbaus des Staates ist die neue Rechte, die sich in den letzten Jahren in vielen Ländern mit unterschiedlichem Erfolg – am erfolgreichsten in Italien, der Schweiz, Österreich, Norwegen, Dänemark und Belgien, aber auch in Frankreich – formiert hat. Hinter dem Vorhang einer ideologischen Renationalisierung betreibt diese neue Rechte Sozialabbau, untergräbt den Rechtsstaat und stellt die Menschenrechte in Frage.

Die Demokratie im heutigen Europa ist Stückwerk; was Europa braucht, ist eine tatsächlich demokratische Verfassung. Denn der kapitalistische Markt hat das Primat über die Politik erobert, Konzern-Lobbyisten sichern ihre Interessen durch Einfluss auf die nationalen Regierungen und die Institutionen der Europäischen Union. An der BSE-Krise oder den Auseinandersetzungen um die AKW- und die Gentechnologie wird deutlich, wie die Politik den vom Markt und seinen Akteuren geschaffenen und diktierten Realitäten hinterherhinkt.

In Österreich hat Demokratie keine Tradition – weil sie nur eine kurze Geschichte hat: Von einer Minderheit erkämpft, scheint sie der Mehrheit der Bevölkerung nach dem Zerfall der Monarchie bzw. dem Zusammenbruch des Nationalsozialismus quasi „von selbst" entstanden zu sein. Deshalb ist das politische System Österreichs geprägt von einem tiefen Misstrauen gegenüber dem Bürger als politischem Subjekt. Der Bürger und die Bürgerin sind hierzulande nur formal der Souverän, zwischen den Wahlterminen gelten sie lediglich als Konsumenten. Die wirklichen Entscheidungen fallen hinter verschlossenen Türen. Sie sind nur in Ausnahmefällen – so geschehen bei den Kraftwerksbauten in Zwentendorf und Hainburg – reversibel. Und sie werden im Zweifelsfall vor jeder Überprüfung durch den Verfassungsgerichtshof abgeschirmt – und zwar mit den Mitteln parlamentarischer Verfassungsmehrheit. So erscheinen in Österreich die Parlamente als Vollzugsorgane der Regierungen – wie auch die gesamte mediale Öffentlichkeit nicht als Ort der Debatte, sondern bloß des Kommentars erscheint und die politische Auseinandersetzung als reiner Parteienstreit. Vor diesem Hintergrund ist dann nicht verwunderlich, dass die extreme Rechte mit Diffamierungen der repräsentativen Demokratie – beispielsweise mit der Bezeichnung des Parlaments als „Quatschbude" – zu punkten vermag.

Die Demokratie droht vor dem Druck des Neoliberalismus und dem Ansturm der Rechten in die Knie zu gehen. So bedarf es Strategien zur Stärkung des demokratischen Konsenses und der demokratischen Erneuerung. Eine Verfassungsreform in Österreich und eine demokratische Verfassung für Europa sind Ansatzpunkte einer solchen Strategie. Doch was könnten die zentralen Punkte einer demokratischen Verfassungsreform in Österreich sein? Welche Chancen, welche Risiken birgt ein solcher Reformprozess für dieses Land? Mit welchen medialen Bedingungen hat ein ambitioniertes Demokratieprojekt zu rechnen? Und wie könnte eine europäische Verfassung aussehen? Gibt es überhaupt eine europäische Öffentlichkeit? Kann sie durch einen Verfassungsprozess konstituiert werden?

Mit diesen und ähnlichen Fragen haben sich die Referentinnen und

Referenten der Sommerakademie der Grünen Bildungswerkstatt, die vom 6. bis 9. September 2001 in Dornbirn/Vorarlberg stattgefunden hat, unter dem Motto „Streiten um Demokratie“ auseinandergesetzt. Ihre Beiträge wurden für dieses Buch überarbeitet und ergänzt. Wir danken den AutorInnen und dem Czernin-Verlag.

Daniela Graf, Obfrau der Grünen Bildungswerkstatt
Ekkehard Muther, Grüne Bildungswerkstatt Vorarlberg
im März 2002

Matthias Weimayr

Der Schein und die Macht

Einleitung

Niccolò Machiavelli ist sicher kein Grüner gewesen. Das heißt aber nicht, dass Grün-Politiker nicht Machiavellisten sein könnten – ja, unter bestimmten Umständen sogar sein müssten. Denn in bestimmten Situationen erzwingt die *necessità* ein politisches Handeln, das den durch konkurrierende Parteiinteressen abhanden gekommenen Konsens durch eine Politik des Konflikts ersetzt – eine Politik, die im Ausnahmezustand des Staatsnotstandes auch die Verletzung eigener oder allgemein anerkannter moralischer Prinzipien in Kauf nimmt.

Doch was sind das für Situationen, was sind das für Umstände, unter denen eine derartige politische Theorie formuliert bzw. wieder aufgegriffen und unter den unterschiedlichsten Vorzeichen – mögen sie nun Mussolini oder „modernes Management" heißen – zu Herrschaftszwecken instrumentalisiert werden kann?

Im Folgenden werden die Grundzüge der von Machiavelli am Übergang zur Neuzeit entwickelten realpolitischen, bewusst nichtnormativen Regeln der Staatskunst dargestellt – als Anregung für den Leser, sich selbst die Frage zu beantworten, ob bzw. in welchem Maße die von Machiavelli vor einem halben Jahrtausend aufgedeckten Mechanismen und Strategien des Erwerbs und des Erhalts von Macht und ihres Gebrauchs im Interesse des Staates heute noch – und zwar unabhängig davon, ob sie nun wünschens- oder verdammenswert erscheinen – gültig sind.

Zunächst wird der Hintergrund skizziert, vor dem der Florentiner seine Thesen entwickelt hat: die Existenzkrise des seinerzeitigen politischen Systems in Italien, die Teil jenes fundamentalen politischen Strukturwandels in ganz Europa gewesen ist, dessen Resultat die Entstehung miteinander rivalisierender Nationalstaaten als mit Gewaltmonopol ausgestatteter politischer Hauptakteure gewesen ist. Aus dieser Existenzkrise, die im eigentlichen Sinn eine Krise auf Leben und Tod gewesen ist, lassen sich Machiavellis Prämissen ableiten:

Seine Überzeugung, dass die fundamentale Unbeständigkeit aller Dinge und der totale Machtkampf zwischen Individuum und Staat die Wesenszüge des Politischen sind. Seine Überzeugung, dass – angetrieben vom grenzenlosen Willen zur Macht – der Staat stets einem Prozess des Alterns und Sterbens folgt, einem Prozess, der von guten Ursprüngen, der gerechten Verfassung, unvermeidlich zur Agonie des politischen Körpers führt. Und seine Überzeugung schließlich, dass ein kranker Staat nur durch die Lebenskraft des starken Mannes, des mit absoluter Gewalt regierenden *Principe* geheilt werden kann, für den die Normen von Gesetz und Moral – angesichts der politischen Überlebenskrise, der Krise auf Leben und Tod – wenigstens zeitweilig suspendiert sind. Dabei sucht Machiavelli einerseits den häufig nur scheinhaften Charakter von Moral im politischen Diskurs zu entlarven, zugleich aber auch das amoralische Handeln des Fürsten als streng zweckgebunden darzustellen: Die absolute Gewalt muss aufgelöst werden, sobald die Verfassungsordnung wiederhergestellt ist. In diesem Zusammenhang spielt auch der Aspekt des Geschlechterkampfes eine unübersehbare Rolle: die männliche *virtù*, die die weibliche *fortuna* gewaltsam zu bezwingen sucht. Nach Machiavelli ist es die politische Klugheit des Fürsten, verdichtet in der Staatsräson, die dem übermächtigen natürlichen Zyklus von Werden und Vergehen (als dem Prinzip des „Weiblichen“) eine möglichst stabile, dauerhafte und *selbstbestimmte* politische Ordnung (als dem Prinzip des „Männlichen“) abzuringen sucht.

Zeitpolitischer Hintergrund: Die Krise eines politischen Systems

Machiavelli ist kein Staatstheoretiker, sondern ein Mann der politischen Praxis. Er ist administrativer Beamter im Stadtstaat Florenz, arbeitet im Innenministerium und in der Staatskanzlei, ist Organisator des florentinischen Milizheeres und Sekretär des Staatsoberhauptes der Republik. Er ist Botschafter (und damit Spitzel) am Hof Ludwigs XII. von Frankreich und Kaiser Maximilians, verhandelt mit Catarina Sforza und Cesare Borgia, beobachtet das nur eintägige Konklave, aus dem Julius II. – „Il terribile“ – als Papst hervorgeht. Es sind diese praktischen politischen Erfahrungen – wie auch die umfangreiche

Korrespondenz mit bedeutenden zeitgenössischen Politikern wie Francesco Guicciardini und Francesco Vettori –, aus denen Machiavelli die Maximen eines zielführenden politischen Handelns abzuleiten sucht.

Italien als Kriegsschauplatz

Die Erfahrungen, die Machiavelli in seinen Werken verarbeitet, sind der Zusammenbruch des inneritalienischen Gleichgewichts der politischen Kräfte und die anhaltenden Interventionen ausländischer Mächte, wobei hier vor allem an den Einmarsch der Franzosen im Jahr 1494 zu denken ist, der dem vierzig Jahre zuvor vor allem von Cosimo de' Medici geschaffenen Friedenssystem von Lodì ein Ende bereitet. Italien ist im 15. Jahrhundert ein Flickwerk von miteinander ständig rivalisierenden Kleinstaaten: Im Süden das Königreich Neapel, das 1495 an Frankreich fällt; im Zentrum der Kirchenstaat mit seinen Vasallen; und im Norden, als dem von größter politischer Desintegration geprägten Landstrich, sind die venezianische Terra Ferma, das (mit Frankreich verbündete) Herzogtum Mailand und Florenz die größten Herrschaftsbereiche.

Dieses Italien wird mit dem Jahr 1494 für mehr als eine Generation zum Kriegsschauplatz der Großmächte Frankreich und Deutschland. Letzteres bildet ab 1519 durch die Wahl des Habsburgers Karl V. zum Kaiser eine Personalunion mit Spanien, das sich seinerseits anno 1504 Neapel einverleibt hatte. Und für Karl ist Italien Teil des Heiligen Römisches Reiches Deutscher Nation, er ist der letzte Herrscher, der die mittelalterliche Idee des christlichen Universalreiches (das heißt des Karolingerreiches, zu dem ja auch Frankreich, das Westfrankenreich, gehört hat) in die Tat umzusetzen sucht. Da ein solches Reich eine gemeinsame Religion voraussetzt, glaubt Karl, die Reformation mit Feuer und Schwert bekämpfen zu müssen – und treibt sein Reich in die territoriale und konfessionelle Zersplitterung des Augsburger Religionsfriedens (1555). Frankreich wieder sieht sich geopolitisch und militärisch zwischen Deutschland und Spanien eingekesselt. Schon um die Verbindung zwischen den beiden Reichen zumindest zu erschweren, muss Franz I. Mailand halten, das gleichzeitig von Karl als Teil des Reiches beansprucht wird. Die Konsequenzen für Italien sind verheerend: Die internen Machtkämpfe erhalten neue Nahrung und führen zu ständig wechselnden Bündnissen, führen zu Stellvertreterkriegen wie auch zu Versuchen, die Großmächte für die eigenen Interessen einzuspannen.

Der entscheidende Faktor dieser Zeit aber ist die Revolutionierung des Kriegswesens: Italien erlebt die Totalisierung des Krieges. Im Mittelalter werden Kriege nicht zuletzt zu dem Zweck geführt, die adeligen Anführer der Gegenseite gefangenzunehmen und so Lösegeld oder politische Zugeständnisse zu erpressen. Und auch die von Condottieri geführten Söldnerheere im Italien des 15. Jahrhunderts neigen noch eher zu material- und mannschonender Verschleppungstaktik: Sie lassen sich von ihren Auftraggebern bezahlen, plündern im Land des Gegners, bieten diesem aber jederzeit für eine höhere Summe ihre Dienste an. Doch dieses System beginnt zu verschwinden – spätestens mit der Schlacht von Agincourt im Jahre 1415, in der die englische Volksarmee die Ritter- und Söldnerarmee der Armagnacs vernichtend schlägt – im wahrsten Sinne des Wortes: Mit Entsetzen beobachten die wenigen überlebenden Franzosen, wie die Engländer und ihre burgundischen Verbündeten nicht darauf aus sind, Gefangene zu machen, sondern den Feind mit ihrer überlegenen Artillerie ganz einfach zu vernichten. Und solche durch Besatzungsterror gegen Zivilisten und systematische Plünderungen verschärfte Vernichtungsschlachten haben dann auch besonders die letzte Phase des Krieges zwischen Habsburg und Valois geprägt. Seinen Höhepunkt erreicht dieser Krieg mit der Schlacht von Pavia, bei der der französische König in Gefangenschaft gerät. Der erzwungene Frieden von Madrid, der Frankreich Mailand, Genua und das wiedereroberte Neapel gekostet hätte, wird 1526 mit der Gründung der Heiligen Liga von Cognac (eine Liga ist immer dann heilig, wenn der Papst daran beteiligt ist) beantwortet: Der Medici-Papst und Florenz verbünden sich mit Frankreich, Mailand, Venedig und Genua.

In dieser Zeit feiert Machiavelli nach 14 Jahren des Exils sein politisches Comeback als florentinischer Gesandter bei dem von Generalleutnant Guicciardini geführten Heer der Liga. Enthusiastisch beschwört er die Einigkeit Italiens als Voraussetzung für die Errettung des Vaterlandes; und auch die Person des Retters, der die unmenschlichen gegnerischen Bestien ausrotten wird, ist rasch gefunden: der äußerst populäre Giovanni delle Bande Nere, ein Sohn Catarina Sforzas. Ein halbes Jahr später aber wird der jugendliche Held in einen Hinterhalt gelockt und von den Söldnern Frundsbergs ermordet –

und als die Deutschen Mailand besetzen und ihre Truppen mit den Spaniern vereinigen, um nach Süden zu ziehen, stellt sich ihnen niemand in den Weg, am wenigsten das desorganisierte Ligaheer. Am 6. Mai 1527 fallen die Besatzer in Rom ein: Während der Papst in die sichere Engelsburg flieht, können die Soldaten, die seit Monaten keinen Sold mehr gesehen haben, ungehemmt plündern und brandschatzen, morden und vergewaltigen.

Eroberung – das zeigt sich Machiavelli in diesen Tagen – ist immer (vielleicht sogar wesentlich) die Eroberung des weiblichen Körpers. Mit ihr wird zugleich allgemein den Frauen die Überlegenheit des Männlichen demonstriert (und im Besonderen den besiegten Männern die Überlegenheit der Männlichkeit der Sieger): ein Verhalten, dessen historische Konstanz zuletzt während der Balkankriege auf entsetzliche Weise – und zwar auch durch die (Be-)Freier als Vergewaltiger und Bordellbesucher – bestätigt worden ist.

Wechsel der Herrschaften und der Verfassung in Florenz

Machiavellis Thesen zur Wirkungsweise von Macht sind aber auch das Ergebnis seiner Erfahrungen mit der Innenpolitik seines Heimatstaates. Zu seinen Lebzeiten wechseln in Florenz viermal Herrschaft und Verfassung. In jungen Jahren erlebt Machiavelli die Blütezeit der Medici, die, wenngleich die Stadt offiziell immer noch eine Republik ist, in der Realverfassung längst zu Alleinherrschern geworden sind und unter Lorenzo – „Il magnifico" – den Zugang zu sämtlichen politischen Ämtern kontrollieren. Das funktioniert folgendermaßen: Alle fünf Jahre werden unter Aufsicht des *Gonfaloniere* die Vertreter der Zünfte, die für ein politisches Amt in Frage kommen, ausgewählt und ihre Namen auf Lose geschrieben, die in einem Wahlbeutel *(imborsazione)* landen; die Auswahl der Beamten erfolgt dann durch das Ziehen der Lose – wobei allerdings die neu geschaffene Institution der *accopiatori* dafür sorgt, dass die Namen Oppositioneller aus dem Beutel wieder entfernt werden, unliebsamen Kandidaten also das passive Wahlrecht entzogen wird. Die solchermaßen fast ausschließlich aus Medici-Anhängern zusammengesetzte *Signoria* kann darüber hinaus jederzeit einen Notstand proklamieren, der die Einsetzung einer (allerdings mit beschränkter Befugnis und Amtszeit ausgestatteten) regierungstreuen Sonderkommission, der *balía*, erforderlich macht.

So werden immer mehr Amtsträger installiert, von denen immer weniger wirkliche Machtbefugnis haben – bis schließlich die republikanische Verfassung nur noch die Fassade für die tatsächlichen politischen Zustände, eben für die Oligarchie der Medici, abgibt.

Doch als im Jahr 1492 Piero de' Medici – der nicht umsonst den Spitznamen *sfortunato* („Pechvogel") trägt – an die Spitze von Familie und Staat tritt, sind die wirtschaftlichen Grundlagen des Systems bereits erschüttert. Die Textilindustrie, auf der der Reichtum der Florentiner Zünfte beruht, ist seit der Mitte des 15. Jahrhunderts von einer hartnäckigen Rezession betroffen – während Flandern und Brabant in dieser Zeit dank des Imports von Wolle aus England prosperieren: Es ist einfach bedeutend billiger, die Wolle (für deren Produktion im Herkunftsland immer mehr Ackerland in Weiden umgewandelt wird, sodass die englische Gentry auf Kosten der Bauern immer reicher und politisch mächtiger wird) von London nach Brügge zu transportieren als an Gibraltar vorbei nach Genua. Außerdem ist die Hanse immer noch stark genug, über den Londoner Stalhof die englischen Exporte zu monopolisieren und die italienische Konkurrenz zu verdrängen. Die Florentiner reagieren darauf mit dem vergeblichen Versuch, im ländlichen Raum *(Contado)* durch Heimarbeit im Verlagssystem eine Art von Billigkonkurrenz außerhalb der Reglementierung der Zünfte (die eine reine Arbeitgeberorganisation sind) aufzubauen.

Noch bedrohlicher für die Oligarchie ist die Krise der Finanzmärkte. Die Herrschaft der Medici ist vor allem eine des Geldes. Mit ihrem weit verzweigten Netz von Filialen ist die Medicibank im 15. Jahrhundert die Drehscheibe für Kredite, Darlehen und Wechsel: Die Medici sind *die* Bankiers der römischen Kurie; sie finanzieren das Königreich Neapel; und es ist überwiegend das Geld der Medici, das die von Johan Huizinga als „Herbst des Mittelalters" so liebevoll beschriebene kulturelle Hochblüte des Herzogtums Burgund – aber auch dessen Großmachtpolitik gegenüber Frankreich – ermöglicht. Doch als Burgund 1477 mit der Schlacht von Nancy spektakulär und für immer zusammenbricht, müssen die Medici die aushaftenden Kredite abschreiben. Eine Folge davon ist die Pazzi-Verschwörung, bei der Lorenzos Bruder Giuliano im Dom ermordet wird. Machiavelli wird in den „Discorsi" und in der „Istorie Fiorentine" Verschwörungen als Ausdruck des Volkszorns gegen den Verlust republikanischer Freiheit deuten und damit seine Distanz zum *Magnifico* signalisieren.

Was Lorenzo durch großzügiges Anzapfen öffentlicher Gelder noch abwenden konnte, tritt ein, als sich Piero 1494 auf die Seite Neapels stellt: Frankreich marschiert in der Toskana ein und erzwingt die Schließung der Medici-Filiale in Lyon. Die Medici stehen vor dem Bankrott – und sie drohen Florenz, in ihren Untergang mit hinein zu reißen. In dieser Situation vollzieht sich der erste Systemwechsel: In der Stadt etabliert sich die theokratische Republik des dominikanischen Bußpredigers Girolamo Savonarola, jenes anorexischen Mönchs, der in Hasstiraden gegen die Sittenlosigkeit der modebewussten Florentinerinnen herzieht und schließlich – unter Beteiligung des Mittelstandes – seine als fundamentalistische evangelische Gemeinde (mit Christus als Herrscher und dem Frate selbst als seinem Propheten) konzipierte Herrschaft errichtet und Florenz zum Neuen Jerusalem und Mittelpunkt des letzten Weltreiches erklärt.

Es währt allerdings nicht lange, genau bis zum Jahr 1498, bis dieses System, finanziell zerrüttet und vom Papst mit aller Gewalt bekämpft, zusammenbricht. Ersetzt wird es durch die Republik in ihren ursprünglichen Institutionen, an deren Spitze nun Piero Soderini, der von Machiavelli beratene *Gonfaloniere di giustizia* („Bannerträger der Gerechtigkeit") steht. Doch auch dieses System wird in den Kriegswirren von 1512 gestürzt.

Die Medici kehren zurück, aber es ist nicht mehr die feste und eindrucksvolle Herrschaft eines Cosimo oder Lorenzo. Papst Leo X. (vorher Giovanni de' Medici) muss gewaltige Summen aus Krediten und den von Luther bereits heftig kritisierten Ablassgeschäften in seine Heimatstadt investieren, um die angeschlagene Macht der Familie zu restaurieren. Und mit dem Tod des jungen Giuliano 1516 zerschlagen sich dann alle Hoffnungen, einen mächtigen Medicistaat zwischen Mailand und Ferrara zu etablieren: Kardinal Giulio de' Medici ist zwar einflussreich; doch nach seiner Wahl zum Papst – als Clemens VII. im Jahr 1523 – kann er die Stadt nicht mehr selbst regieren, und das Regime hat mit Ippolito und Alessandro nur noch zwei minderjährige Knaben als Repräsentanten der Staatsgewalt aufzubieten. Als dann die Heilige Liga kläglich zusammenbricht und die spanisch-deutschen Truppen durch das Chianatal nach Süden marschieren, hält ganz Italien den Atem an: Würden sie sich gegen Rom wenden, wo der verhasste päpstliche Feind des Kaisers sitzt – oder gegen Florenz, das Zentrum der Macht seiner Familie? Vier Tage nach der Rückkehr Machiavellis stürmt das Volk den Palazzo della Signoria und fordert die Wiedererrichtung der Republik. Kaum ist die Nachricht vom *Sacco di Roma* eingetroffen, werden die Medici erneut vertrieben und die alten Institutionen der Republik wieder eingesetzt.

Machiavelli versucht, sich der neuen Regierung des *Gonfaloniere* Niccolò Capponi als Sekretär anzudienen – eine damals gängige und oft auch erfolgreiche Praxis. Doch sein Gesuch wird mit 555 zu 12 Stimmen abgelehnt – deutlicher konnten die neuen Machthaber ihre Verachtung für den gescheiterten Politiker nicht zum Ausdruck bringen. Wenig später stirbt Machiavelli – und so bleibt ihm der fünfte (und für lange Zeit letzte) Wechsel der Verfassung erspart: die Erhebung Alessandros de' Medici zum Herzog durch Kaisers Gnaden – und mit Unterstützung des treuen Republikaners Guicciardini. Politische Überzeugungen wechseln kaum weniger schnell als politische Systeme. Das Großherzogtum Toskana jedenfalls sollte bis 1802 Bestand haben, ehe es von Napoleon in das Königreich Etrurien umgewandelt wurde.

Soziologie der florentinischen Gesellschaft

Doch nicht nur das politische Leben ist durch wiederkehrende Konflikte und wechselnde Bündnisse gekennzeichnet. Es ist die Rivalität zwischen den Geschlechtern – in der doppelten Bedeutung des Wortes – die sämtliche Aspekte der florentinischen Gesellschaft bestimmt. Und auch Machiavellis persönliche Geschichte ist davon geprägt.

Über die Familie von Machiavellis Mutter ist wenig bekannt. Das ist bezeichnend für die seinerzeitige Missachtung des weiblichen Geschlechts, dessen soziale Stellung sich im Verlauf der Neuzeit gegenüber dem angeblich so „finsteren" (Spät-)Mittelalter z. T. erheblich verschlechtert hat: Unter dem Druck von Reformation und Gegenreformation, aber auch des absolutistischen Staates, der seine Macht patriarchalisch begründet (der Souverän als Staatsvater, der Vater/Ehemann als Souverän der Familie), werden Frauen in die einzig ihnen angemessen scheinende Rolle der Hausfrau und Mutter gedrängt – während Vermögen, Macht und Rang nahezu ausschließlich über die männliche Linie vererbt werden.

Bei den Machiave(g)lis lässt sich diese männliche Linie bis zu einem ghibellinischen (kaisertreuen) Kleinadelsgeschlecht des 13. Jahrhunderts zurückverfolgen, das 1293 nach dem Sieg der Guelfen (der Papsttreuen) ihren Stammsitz in Montespertoli verlassen und nach Florenz übersiedeln muss. Die Familie ist also eines der vielen Opfer der für Florenz typischen Parteienkämpfe. Sie kann sich aber problemlos an das neue Regime anpassen, und ihre Mitglieder etablieren sich als Tuchhändler und Beamte – erfolgreich genug, um das Landgut von San Casciano erwerben zu können.

Niccolòs Vater Bernardo ist Notar – ein wichtiger Beruf in einer Stadt, deren Bewohner als sprichwörtlich prozesssüchtig gelten. Die führenden und mittleren, ja selbst die kleinen Geschlechter und Familien leben seit gut 300 Jahren in ständiger gesellschaftlicher, wirtschaftlicher und politischer Konkurrenz. Und jede siegreiche Partei spaltet sich gleich wieder in rivalisierende Machteliten, die ihre oligarchischen Kämpfe gerichtlich oder auch gewaltsam austragen – was übrigens beides häufig auf Dasselbe hinausläuft: Jedenfalls sind Vertreibungen und Konfiskationen oft geübte Praxis – wobei die meisten Exilierten bald wieder zurückkehren und ihr verlorenes Vermögen und ihr Ansehen (nicht zuletzt gewaltsam) wieder zu gewinnen suchen.

In diesem Klima des Misstrauens und der Angst werden die sozialen Beziehungen oft bis ins kleinste Detail durch Verträge geregelt. Das erklärt das hohe Ansehen, das Rechtsanwälte und Notare genießen – aber auch die Tatsache, dass der Rechtsanwalt zu einer der Gauner- oder Witzfiguren der Commedia dell'Arte wird. Machiavelli selbst hat Komödien geschrieben, die als Vorläufer dieser Form des Theaters gelten können. In seiner „Mandragola“ etwa wird ein besonders dummdreister Rechtsanwalt namens Messer Nicia mit seinem eigenen Einverständnis zum Hahnrei gemacht: Selbst impotent, lässt er sich von seinem als Arzt auftretenden Nebenbuhler Callimaco für seine Frau (denn „natürlich“ können nur Frauen unfruchtbar sein) einen Fruchtbarkeitstrank andrehen, der nur einen Nachteil hat – wer den ersten Geschlechtsverkehr mit der Frau, die ihn einnimmt, vollzieht, muss (angeblich) unweigerlich sterben. Also bietet sich der schwer verliebte Callimaco in der Verkleidung eines Landstreichers als „Opfer“ an. Unglücklicherweise ist Lucrezia eine sehr tugendhafte und treue Frau; doch ihr Beichtvater kann sie von der Gottgefälligkeit eines kleinen Seitensprungs überzeugen – und so wird sie unter den Augen ihres Mannes die Geliebte des Nebenbuhlers.

Familienstruktur

Die Störung der Eheordnung ist eines der beliebtesten Themen des florentinischen Klatsches – und die boshafte Satire kann nicht über die Angst der Männer hinwegtäuschen, von ihren Ehefrauen betrogen zu werden. Die uralte Frage nach der Vaterschaft ist in einer streng patriarchalischen Welt der vom Vater auf den Sohn übertragenen Blutlinie, über die allein Besitz und Stand vererbt werden können, besonders virulent. Dies umso mehr, als auch die Ehe ein Vertrag ist, ein Geschäft, eine Allianz, die aus politischen und ökonomischen Gründen zwischen Familien, nicht zwischen zwei Menschen geschlossen wird – und also auf persönlicher Ebene sehr häufig eine rein geschäftsmäßige und lieblose Beziehung ist. Unter diesen Umständen halten sich die Männer gern mit außerehelichen Affären schadlos, was weitgehend toleriert wird, weil es die Familie und Staat umfassende Eigentumsordnung (aus der uneheliche Kinder ausgeschlossen sind) nicht in Frage stellt – Machiavelli selbst war ein stadtbekannter Schürzenjäger und Hurenbock, der in Briefen gerne mit seinen Eroberungen prahlt. Für eine Frau allerdings kann Untreue lebensgefährlich sein: Sie darf, in flagranti erwischt, vom Ehemann straflos getötet werden.

Auch das Familienleben selbst trägt zur Atmosphäre des Misstrauens bei – und in diesem Zusammenhang ist auch mit einer romantischen Geschichtsfälschung aufzuräumen: Der in Florenz erstmals 1427 erhobene *Catasto* (eine Art Verzeichnis des versteuerbaren Vermögens) zeigt, dass die Haushalte im Schnitt aus nicht mehr als drei bis vier Personen bestehen. Es dominieren also Kernfamilien, und ein Viertel der Haushalte ist überhaupt kinderlos – keine Spur also von der idyllischen Großfamilie.

Zudem werden die Kleinkinder zu Ammen aufs Land geschickt – wegen der gesunden Luft und der guten Muttermilch, die die Bäuerinnen ihren eigenen Kindern vorenthalten –, und sie kommen erst nach dem Abstillen wieder zu ihren Müttern zurück, unter deren alleiniger Aufsicht sie dann heranwachsen. Die Väter sind fast vollständig abwesend: Wenn sie nicht ihren Geschäften nachgehen, sitzen sie im Wirtshaus – was auch Machiavellis Hauptbeschäftigung in der Zeit des Exils gewesen ist. Zudem sind aufgrund der hohen Sterblichkeit auch unter Erwachsenen – die Väter sterben meist bei Kämpfen, die Mütter im Kindbett – Patchworkfamilien der Regelfall, wobei die Stellung der Stiefkinder in Bezug auf Erbe, Ausbildung oder Heiratschancen eine äußerst Unsichere ist. Aus dieser Struktur – und weil die Kinder direkt fast nur mit ihren Müttern konfrontiert sind – entwickelt sich denn auch das Stereotyp der „bösen" Stiefmutter.

Aber auch die „guten" Mütter sind das Ziel heftiger Angriffe von Seiten der Moralisten und der Prediger: Ihr dominanter Einfluss müsse die Söhne zwangsläufig verweichlichen. Und das ist auch die allgemein akzeptierte Erklärung dafür, warum einerseits die Zahl der Kinder immer mehr zurückgeht, andererseits die Homosexualität so weit verbreitet ist (oder wenigstens so offen praktiziert wird), dass in Deutschland „florenzen" als Synonym für die „griechische" Liebe gilt. Die Behörden reagieren mit der Einrichtung einer eigenen Sittenpolizei und dem Erlassen scharfer Gesetze, durch die schwere Strafen angedroht werden. Doch können sich zumindest die jungen Männer der Oberschicht der Verfolgung weitgehend entziehen: So wird Leonardo da Vinci, eine stadtbekannter Verehrer hübscher Knaben (Epheben) mit Neigung zur weiblichen Rolle (angeblich ist die „Mona Lisa" ein Selbstporträt des Malers als Frau), zwar angeklagt – doch es kommt nie zu einer Verurteilung.

Auch wissen „aufgeschlossene" Väter für ihre Söhne ein probates Gegenmittel: Um ihre ehrbaren Töchter und Frauen (d. h. ihre eigene Ehre und ihren weiblichen Besitzstand) zu schützen, richten sie Bordelle ein. Meist sind es mittellose Frauen aus dem *Contado,* aber auch Opfer von „Schändungen" (was jede Heiratschance zerstört), die dort sexuell ausgebeutet werden.

Vergewaltigungen von alleinstehenden Frauen oder auch von Ehefrauen, deren Verhalten vom rigorosen Codex weiblicher Sittsamkeit abweicht, sind damals wie heute häufig und alles andere als spontane oder zufällige Ereignisse: Sie sind integraler Bestandteil der Sozialstruktur und der Herrschaftsordnung. Vergewaltigungen werden meist von Jugendbanden begangen, wobei als „jugendlich" sämtliche unverheiratete Männer gelten. Und in der florentinischen Gerontokratie liegt das Heiratsalter ungewöhnlich hoch, nämlich bei 30 bis 40 Jahren, bedeutet doch Heirat zugleich die Gründung eines Haushalts und setzt also Vermögen voraus. Deshalb sind auch die Armen faktisch von der Ehe ausgeschlossen, und dementsprechend hoch ist deshalb auch ist die Zahl der unehelichen Kinder und – sobald Kirche und Staat den vorehelichen Geschlechtsverkehr kriminalisieren – die der Abtreibungen, Aussetzungen und Kindesmorde (die dann umso wütender von der Staatsgewalt bekämpft werden). Die wohlhabenden Väter wiederum schützen und vermehren Vermögen und Macht, indem sie ihre Söhne als potenzielle Rivalen möglichst spät aus ihrer patriarchalischen Gewalt entlassen – mit dem Resultat, dass sich die Aggression gegen die Alten dann zum einen in Form exzessiver Gewalt zwischen den Banden (die ihrerseits von den Alten als Instrumente im Machtkampf eingesetzt werden) äußert – und zum anderen wieder in Form sexueller Gewalt gegen die Frauen, von deren Besitz die „jungen" Männer ausgeschlossen sind. Aber auch hier sind sie im Grunde bloß die Agenten der herrschenden Ordnung: Sie „bestrafen" von der Norm abweichendes Verhalten – wobei die Bandbreite vom Charivari (der „Katzenmusik") über den Skimmington Ride (den „Pantoffelhelden", dessen Frau „die Hosen an hat" und der, als Ausdruck der verkehrten Welt der gefürchteten Weiberherrschaft, verkehrt herum auf einem Esel durch die Stadt reiten muss) bis zur Gruppenvergewaltigung reicht. In Letzterer bestätigen die Jungen ihre von den Alten nicht voll anerkannte Männlichkeit und vergewissern sich zugleich ihrer Identität als soziale Gruppe. Die Opfer solcher Vergewaltigungen wieder werden in den Bordellen zur Prostitution gezwungen – womit sich der Kreislauf der Gewalt schließt und die gerontokratische Herrschaft (an der die Jungen beteiligt sein wollen) stabilisiert.

Resümee

Italien ist Schauplatz für Stellvertreterkriege, territorial zersplittert, durch einen raschen Wechsel von politischen Systemen und Verfassungen, durch ein Klima des Misstrauens und permanenter Rivalität und durch ein hohes Maß an Gewalt zwischen den Geschlechtern gekennzeichnet.

Mechanismen der Macht

Realität und Schein des Politischen

Vor dem skizzierten politischen, gesellschaftlichen und privaten Hintergrund entwickelt Machiavelli seine realpolitische Analyse von Erwerb, Erhalt und Verlust politischer Macht unter den besonderen Bedingungen der Existenzkrise des Staates. Er weist ausdrücklich darauf hin: Ich schreibe keine utopischen Idealverfassungen, weil es so etwas wie ein der Zeit und den Umständen enthobenes ideales politisches System nicht geben kann. Ich beschäftige mich vielmehr mit dem „Wahren und Wirklichen", wie es sich dem Auge des politischen Betrachters angesichts der Verheerung des Vaterlandes darbietet, sobald er nicht mehr auf das Scheinhafte des Politischen achtet.

Machiavelli blickt hinter die Fassade der heiligen und weniger heiligen Ligen, der innenpolitischen Parteienkämpfe und der internationalen Großmachtpolitik und entlarvt dabei Heuchelei und Scheinheiligkeit der Selbstrechtfertigung politischen Handelns in vorgeblich moralischen Kategorien. Modern gesprochen: Er sieht den Kampf gegen „das Böse" wie auch den gegen den „großen Satan" als Propagandaphrasen, mit denen die konkreten und weit weniger ehrenwerten persönlichen und politischen Motive verschleiern werden sollen.

Machiavellis Analyse erfolgt gewissermaßen in drei Etappen. In der „Istorie Fiorentine" beschreibt er die historischen Ursachen der aktuellen Krise, in den „Discorsi" skizziert er die Republik als Staatsform, die der beständigen Expansion von Größe und Macht und dem unerreichbaren (und so letztlich unerfüllbaren) Ideal der Vergangenheit dient; und schließlich entwirft er das Bild des (meist jugendlichen) Helden, der dem Staat eine neue Ordnung aufzwingt (wie im berüchtigten „Principe") – oder an der Übermacht Fortunas scheitert (wie in der „Vita di Castruccio Castracani").

Der politische Körper und die Macht Fortunas

Das Rad der Fortuna – mit diesem in Antike und Mittelalter geläufigen Versatzstück politischer Symbolik veranschaulicht Machiavelli die erste Prämisse seines politischen Denkens: die aus den Umständen seiner Zeit direkt ableitbare These von der fundamentalen Unbeständigkeit aller Dinge. Menschen und Staaten werden vom Rad der Fortuna nach oben getragen, nehmen an Größe zu, um dann unweigerlich wieder nach unten gerissen zu werden. Beide werden geboren und müssen sterben; beide unterliegen also dem ewigen – und in der Mythologie des Patriarchats „natürlich" weiblichen – Zyklus des Werdens und Vergehens. Eine derartige politische Konzeption fällt umso leichter, als der Staat mindestens seit Johannes von Salisbury, also seit dem 12.

Jahrhundert, als Organismus gesehen wird: Der König ist das Haupt des „body politic", die Priesterschaft die Seele, die Arme werden von Soldaten (oder Beamten) gebildet, die Füße (zuweilen auch der gefräßige Magen) sind die Arbeiter und Bauern.

Solche organischen Metaphern finden sich noch in der Französischen Revolution – und zwar auf beiden Seiten: Die Gegenrevolutionäre wie de Maistre und Burke betonen die Vorrangigkeit des organisch Gewachsenen gegenüber der „künstlichen" Verfassung; die Revolutionäre sehen den „Volkskörper" demokratisch als von dezentralisierten Nervenzentren aus gesteuerte Einheit, die durchaus auch überlebenfähig ist, wenn ihr (bzw. dem König) das Haupt abgeschlagen wird.

Der Wille zur Macht

Auch Machiavellis zweite Prämisse ist ein Produkt der seinerzeitigen politischen Umstände. Für Machiavelli ist Politik ein unaufhörlicher totaler Machtkampf: Nicht nur zwischen den Staaten, auch zwischen den Individuen herrschen Feindschaft und Konkurrenz. Im Grunde passt seine Einschätzung nicht einmal in jenes Freund/Feind-Schema, wie es etwa von Carl Schmitt im Zuge des Kampfes gegen die Weimarer Verfassung und später während der Machtergreifung des Nationalsozialismus entwickelt worden ist, denn für den Florentiner gibt es – wohl auch aufgrund der Gesellschaftsstruktur seiner Heimatstadt – keine Freunde, sondern nur zeitweilige Verbündete. Fazit: Nur der (militärisch) Starke kann überleben; der Schwache wird erobert und unterworfen.

In einer solchen Situation kann es auch keine Neutralität geben – ein berühmter Satz, der inzwischen auch gerne von österreichischen Politikern zitiert wird. Was diese allerdings nicht dazu sagen: dass er in einer Zeit formuliert wurde, die tatsächlich nur Feinde gekannt hat, jederzeit bereit gegeneinander Krieg zu führen, und dass es damals keinen völkerrechtlichen Status namens „Neutralität" gegeben hat (die Schweiz musste ihre eigene Form der Großmachtpolitik in Italien nach Eroberung Bormios und des Veltlin durch die Niederlage von Marignano 1515 aufgeben und wurde erst später „neutralisiert", ehe dieser Status in der Wiener Kongressakte 1815 anerkannt worden ist).

Und auch davon abgesehen könnte der sich anbahnende internationale Konflikt mit seiner religiös verbrämten Gut/Böse- bzw. Freund/Feind-Rhetorik neutrale Vermittler bald bitter nötig haben, soll das 21. Jahrhundert nicht endgültig eines der Militarisierung der Gesellschaften, der Totalüberwachung der BürgerInnen, der fanatischen Pogrome und der im weitesten Sinn religiös motivierten und legitimierten Kriege werden. Die in Machiavellis Zeit einsetzende Totalisierung des Krieges ist dabei, eine neue Stufe der Eskalation zu erreichen.

Machiavelli selbst jedenfalls verkündet sein Verdikt der Neutralität aus persönlicher Erfahrung. Seiner Einschätzung nach ist es das Lavieren Soderinis zwischen den Großmächten gewesen, das zum Sturz der Republik 1512 geführt hat – womit sich freilich Machiavelli selbst zugleich von jeder politischen Mitschuld freispricht.

Die Destruktivität der menschlichen Natur

Keine Vorstellung von Politik oder Gesellschaft kann umhin, die „menschliche Natur" – was immer das auch sein mag – zu definieren. Je nachdem, ob diese menschliche Natur als überwiegend „gut" oder „böse" aufgefasst wird, werden den politischen Institutionen dann entweder repräsentative oder disziplinierende Funktionen zugeschrieben, ist der Staat durch Teilhabe der BürgerInnen oder durch seinen Zwangscharakter ihnen und ihren destruktiven Trieben gegenüber konzipiert.

Machiavelli beginnt ganz orthodox mit der doppelten Natur des Menschen: Insofern der Mensch dem Gesetz folgt und die Ordnung des Staates achtet, ist er Engel; insofern er Gewalt zur Durchsetzung seiner Interessen einsetzt, ist er – nein, nicht Teufel, denn angesichts dessen, was die Menschen einander auf den Kriegsschauplatz Italien antun, bedarf Machiavelli der Vorstellung eines Teufels wohl nicht: Für ihn ist der gewalttätige Mensch schlicht ein Tier, wild, animalisch, ungezähmt. Diese Vorstellung von der Bestialität des Menschen sollte im Weiteren für die Neuzeit bestimmend werden, und sie dominiert auch die gesamte Analyse Machiavellis, dessen politische Anthropologie höchst pessimistisch getönt ist: „Die Menschen sind undankbar, unbeständig, heuchlerisch, furchtsam und eigennützig" (Principe, Kap. 17); von sich aus neigen sie eher zum Schlechten, zum

Guten müssen sie meist gezwungen werden, und ohne den Zwangsapparat des Staates nehmen die Laster überhand: Habgier, Sittenlosigkeit und Ehrgeiz. Ehrgeiz, *ambizione,* ist denn auch der von Machiavelli immer wieder gebrauchte Schlüsselbegriff, mit dem er das vorweg nimmt, was Nietzsche im Aufbruch zur Moderne den „Willen zur Macht“ nennen wird.

Ambizione ist das unersättliche Begehren nach immer mehr Macht, Reichtum, Ansehen, Ehre, Frauen (und erst sehr neuerdings auch nach Männern). Und da unsere Begierden stets größer sind als unsere Fähigkeit sie zu befriedigen, kann das Brennen des Ehrgeizes (zumindest das der Reichen und Mächtigen, des Adels) nie gelöscht werden: Ein Mann mag alle Macht in einem Staat an sich gerissen haben – immer wird es noch andere Staaten geben, die erobert werden können. Dante hat daraus bereits zwei Jahrhunderte vor Machiavelli den Schluss gezogen, dass eine Weltmonarchie die ideale Staatsform wäre, denn wer die gesamte (christliche) Welt beherrscht, hat keinen Ehrgeiz mehr und kann nach den Prinzipien des Gemeinwohls regieren. Doch angesichts der territorialen Zersplitterung Italiens und der spätestens mit dem Hundertjährigen Krieg sich verfestigenden Wirklichkeit der Pluralität von Nationalstaaten ist Dantes ghibellinische „Monarchia universalis“ (auch sie in der Hoffnung auf die Errettung Italiens formuliert) nur noch eine altmodische Utopie.

Aus Machiavellis Sicht jedenfalls hat dieses unendliche Begehren zwei Konsequenzen. Zum einen ist der aktuelle Besitzstand niemals sicher, weil auch immer andere da sind, die nach meinem Gut gieren und es an sich reißen, sobald ich nicht mehr die Macht habe, es zu schützen. Und zum anderen ist da die Kehrseite des Ehrgeizes: ständige Verlustängste und die Notwendigkeit zu ständiger Kriegsbereitschaft, sind doch alle Menschen potenzielle – und im Augenblick der Schwäche reale – Feinde.

Letzteres ist eine Konsequenz, die der Wirtschaftswelt des Kapitalismus, besonders in Gestalt der neoliberalen Leistungs- und Profitgesellschaft, nur zu vertraut ist – von der feindlichen Firmenübernahme bis zum Mobbing. Nicht umsonst werden in Management-Seminaren aus dem historischen Zusammenhang gerissene machiavellistische Strategien der Unternehmens- und Menschenführung angeboten. Und aus politischer Sicht bedeutet diese ständige Rivalität und Feindschaft, die den Hobbes'schen Krieg aller gegen alle vorwegnimmt, dass der moderne Staat wenigstens im Augenblick seiner Geburtswehen eine mit dem Gewaltmonopol ausgestattete Zwangsinstitution zu sein hat.

Einschränkend muss freilich gesagt werden, dass manches an Machiavellis Pessimismus methodischer Natur ist, dass übertrieben wird, um die Notwendigkeit absoluter Machtkonzentration in Krisenzeiten zu rechtfertigen, kurz: dass es also ein Gutteil Ideologie ist. Was Machiavelli immer wieder sagt, ist eben nicht, dass die Menschen böse sind, sondern dass der Gesetzgeber, der Autor einer Verfassung, vorauszusetzen und einzukalkulieren hat, dass Menschen böse handeln und deshalb ihren üblen Neigungen von vornherein ein Riegel vorgeschoben werden muss. Bodin wird diese Vorstellung ein halbes Jahrhundert später auf den Punkt bringen: Ein Staat muss so verfasst sein, dass er auch bei einem Volk von Teufeln funktioniert. Und das nicht, weil wir alle Teufel oder Tiere wären, sondern weil es ganz einfach dumm wäre, die Existenz zerstörerischer Begierden zu leugnen. Gerade in der Politik darf sich niemand der Illusion hingeben, ein (guter) Staat könne allein auf die Tugenden seiner Bürger (oder auch nur seiner Politiker) aufgebaut sein (doch an die Tugenden der Bürger*innen* scheint Machiavelli ohnehin nicht zu glauben).

Eine weitere methodische Prämisse Machiavellis ist die von der Unveränderlichkeit der menschlichen Natur, die übrigens in lokalen und regionalen Variationen als historisch invariable Nationalcharaktere in Erscheinung treten (Bodin wird das später in seiner Klimatheorie aufgreifen). Die Motive sind demnach zu allen Zeiten dieselben: ein – freundlich ausgedrückt – heuristisches Prinzip der Geschichtsschreibung, das es ermöglicht, den politischen Akteuren der Vergangenheit eben jene Motive zu unterstellen, die es dann erlauben, ihr Handeln als paradigmatisch auch für zeitgenössische Problemstellungen darzustellen. So lässt sich etwa die römische Geschichte, hübsch in Exempel und Faustregeln tranchiert, zum Modell für die florentinische Gegenwart machen.

Dabei ist sich Machiavelli allerdings bewusst, dass Geschichte von den Siegern geschrieben und die Vergangenheit besonders in Krisenzeiten verklärt wird (so wie die Alten ihre eigene Jugend verklären) – oder auch: dass diese Vergangenheit „umgedeutet“ wird. Und Machiavellis eigene Historiographie ist denn auch in ihrem Versuch, Idealtypen herauszupräparieren, oft genug Geschichtsfälschung: Aus dem für die Krisenzeit nach der Pest (1348/50) erstaunlich friedlichen Aufstand der *Ciompi,* der Wollkrämpler, wird dann etwa ein typisch „machiavellistischer“ Umsturz: Die Arbeiter, denen es verboten ist, sich zu organisieren, nutzen die Gunst Fortunas, um mit der Forderung nach natürlicher Gleichheit aller Menschen die Ordnung der Stände und des Privateigentums zu zerstören; und nur der Mut und die Klugheit des Michele di Lando hätten Freiheit und Vaterland vor den schmutzigen, bluttriefenden Klauen des „Pöbels“ errettet. Tatsächlich freilich hat diese für Machiavelli prototypische Erlöserfigur des Michele di Lando die *Ciompi* bloß für seinen eigenen Ehrgeiz benützt, hat sie im entscheidenden Moment verraten und ihre Beteiligung an der Zunftordnung mit Polizeigewalt blutig auflösen lassen. – Vielleicht hat Machiavelli also ganz Recht, wenn er die Konstanz der menschlichen Natur proklamiert. Im Rahmen seiner politischen Analyse ist es jedenfalls gerade diese Konstanz, die den historischen Wandel vorantreibt. Warum, ist nicht schwer zu erkennen: Es ist der nie zu befriedigende Machttrieb, der Ehrgeiz, der die (zumindest politisch aktiven) Menschen nicht ruhen lässt und sie treibt, die Verhältnisse zu ihren Gunsten zu verändern.

Der solcherart angeheizte Machtkampf ist für Machiavelli unvereinbar mit der humanistischen Konzeption eines ewigen Fortschritts. Ein Jahrhundert nach ihm, im Ausgang der Krise der frühen Neuzeit, wird Francis Bacon den modernen Mythos des Fortschritts von Wissen und Macht begründen: Es wird nicht zuletzt eine Machtergreifung der männlichen Ratio über die „weibliche“ Natur sein, die – etwa in Gestalt der Hexe oder der Kindsmörderin – einer peinlichen Inquisition unterworfen wird. Und auch ein Jahrhundert vor Machiavelli haben florentinische Humanisten wie Leonardo Bruni und Poggio Bracciolini das Fortschreiten der politischen Macht und der kulturellen Blüte – die Kunst wird zum Werkzeug einer repräsentativen Selbstdarstellung der Kommune und ihrer führenden Geschlechter – unter Cosimo, dem *pater Patriae*, und Lorenzo dem Prächtigen gefeiert (und sind dafür mit Ämtern belohnt worden). Doch diese Ideologie zerschellt nach 1494 an der Realität. Der politisch nutzbare Optimismus der Stadtchronisten weicht bei Machiavelli dem aus der Antike (vor allem von Polybios) übernommenen Modell des Kreislaufs der Verfassungen. Demnach kann es keine ideale, für alle Zeiten gültige Verfassung geben, sondern immer nur eine den wechselnden Umstände angemessene. Das ewige Kreisen des Rades der Fortuna erfordert ständige institutionelle Selbsterneuerung, permanente Adaptionen – gelegentlich auch Revolutionen. Dabei ist an das vormoderne, astronomisch begründete Bild der „revolutio“ zu denken: an das periodische Kreisen der Gestirne um die Erde. Wie die Sonne nach der Zeit der Dunkelheit wieder an ihren Ursprungsort zurückkehrt, so soll auch der Staat bei seinem Abstieg zum guten Ursprung zurückkehren, um von dort aus erneuert zu werden. Es ist dies das Konzept der konservativen Revolution und des Mythos, der ewigen Wiederkehr, wie ihn der vom Faschismus in seiner rumänischen Heimat faszinierte Mircea Eliade im Anschluss an Nietzsche beschrieben hat.

Als Vorbild für eine anpassungsfähige Verfassung nennt Machiavelli die römische Verfassung, die eine Art „Revolution in Permanenz“ (Kurt Kluxen) darstellt. Das gilt vor allem für den integrierten Krisenmechanismus: die Diktatur. Wird verfassungsgemäß der Notstand ausgerufen, so hat der ernannte und mit umfassenden Befugnissen ausgestattete Diktator sechs Monate Zeit, die innen- oder außenpolitische Krise mit allen gebotenen Mitteln zu beheben. Die verfassungsmäßigen Institutionen sind dabei nicht aufgehoben; sie treten mit Ende des Notstandes automatisch wieder in Funktion, und der Diktator ist ihnen gegenüber Rechenschaft schuldig. Machiavelli greift diese Vorstellung auf: In seinem Verfassungsentwurf für die Medici (1520/21) schlägt er eine Art Diktatur auf Lebenszeit unter Wahrung der Institutionen des Volkes vor. Im „Principe“ geht er dann aber den entscheidenden Schritt weiter in Richtung absoluter Macht: Der Principe ist aufgerufen, Verfassung und Institutionen zu erneuern.

Resümee

Nach Machiavelli treiben Ehrgeiz und Habgier als Konstanten der menschlichen Natur in einem unaufhörlichen totalen Machtkampf den historischen Wandel voran, der sich als zyklische Abfolge von Aufstieg und Fall, von Geburt und Tod der Staaten entsprechend dem Rad der Fortuna vollzieht. An die Stelle des humanistischer Fortschrittsoptimismus tritt ein pessimistisch gestimmtes Modell des Kreislaufes von Verfassungen und politischen Systemen, in welchem dem Principe die Rolle des Erneuerers zukommt.

Der historische Prozess

Die „gesunde“ Republik der Eroberer

Wie stellt sich nun dieser Kreislauf von Republik und Alleinherrschaft dar? Am Anfang steht ein mythischer, legendärer Mann: der Nomothet, der Gesetzgeber, der eine gerechte Ordnung gleichsam aus dem Nichts erschafft: der Spartaner Lykurg; die Athener Drakon und Solon; Moses, der sein Volk ins Gelobte Land führt und die göttlichen Gesetze des Dekalogs verkündet (viele Gesetzgeber sprechen im Namen eines Gottes); Romulus, der sogar seinen Bruder erschlägt, um die Alleinherrschaft – die Einheit des Staates unter einem Haupt – zu sichern, und dem Rom seine Heeresverfassung „verdankt“.

Und eben diese Heeresverfassung ist für Machiavelli von zentraler Bedeutung. Denn ein gesunder Staat, zumal eine gesunde Republik, wie sie etwa Rom durch das Wirken des nicht weniger legendären Konsuls Brutus werden sollte, ist durch einen unbezähmbaren Expansionsdrang gekennzeichnet. In einer Welt der Feinde habe sich Rom, beginnend mit den Kriegen gegen die Latiner, die Samniten und die Punier durch den unbedingten Willen zur Macht zu unvergleichlicher historischer Größe aufgeschwungen (in Wahrheit ist es freilich nicht die Republik gewesen, unter der Rom seine größte Ausdehnung aufgewiesen hat, sondern das Reich der Adoptivkaiser).

Machiavelli zieht auch die Möglichkeit eines nicht-expansiven, stabilen Staates in Erwägung. Vorbild ist das antike Sparta, eine vollständig militarisierte Gesellschaft, die in der Neuzeit gerne als Vorbild an Sittenstrenge hingestellt wird – in offenkundigem Gegensatz zu dem päderastischen, dekadenten Athen der perikleischen Epoche und des Peloponnesischen Krieges. Dass Frauen in der spartanischen Gesellschaft weitgehend auf die Funktion der Gebärmütter reduziert sind, scheint die strenge Sittlichkeit dieser Soldatengesellschaft besonders zu unterstreichen. Allerdings setzt die Stabilität eines solchen Kleinstaates eine konstante Bevölkerung voraus, was in Sparta durch Kindesaussetzung und durch die Abschottung gegenüber Zuwanderern erreicht wird.

Fremdenfeindlichkeit ist übrigens auch unter den Florentinern weit verbreitet – wenn sie sich auch weniger gegen das Ausland als gegen Landflüchtlinge aus dem eigenen Contado richtet, über die etwa Dante klagt, dass sie mit ihrer Migration das edle Blut der Florentiner hoffnungslos beschmutzt hätten (daher habe an die Stelle des Blutadels der Tugendadel als Ideal der Frührenaissance zu treten). Auch Machiavelli, der als Mitarbeiter der Dieci di Balìa u. a. mit der Verwaltung des *Contado* befasst ist, sieht in dieser bäuerischen Zuwanderung eine der Ursache für den Verfall der politischen Tugenden. Und da es ohnehin keine Stabilität, keinen statischen Zustand geben könne, sei es besser, den Staat von vornherein auf Expansion zu gründen.

Das Heer als Schule der Republik

Es ist daher auch nicht überraschend, dass Staats- und Heeresverfassung zusammengehören. Jeder Staat benötigt ein starkes Heer, in dem die Soldaten Disziplin (die den florentinischen Kämpfern völlig abgeht) und Kampfkraft (die sie lieber in Form von Söldnern kaufen) lernen. „Nur aus der Disziplin entspringen Kühnheit und Tüchtigkeit. … Ein Heer, bei dem eine disziplinierte Tapferkeit herrscht, gebraucht seine Angriffslust mit Maß zur rechten Zeit." (Discorsi III, 36) – mit blinder, vernunftloser Wut kann die Gunst Fortunas nicht erzwungen werden.

Außerdem gilt die Armee als Schule der Republik (ähnlich wie nach 1945 die allgemeine Wehrpflicht in Deutschland und Österreich dazu beitragen sollte, die Grundwerte der Demokratie zu lehren – was immer dabei auch in der Praxis herausgekommen sein mag). Armee und Staat werden gleichermaßen von drei Säulen getragen. Sie beruhen zum einen auf der politischen Partizipation aller gesellschaftlich relevanten Kräfte, aller lebensnotwendigen Teile des Staatsorganismus (was selbstverständlich keine demokratische Mitsprache bedeutet, sondern bloß die Integration der Besitzenden und politisch Einflussreichen; die Armen sind auch hier nur das Fußvolk). Diese Einheit soll durch regelmäßige gemeinsame Waffenübungen gefördert, ja eigentlich erst geschaffen werden. Zum Zweiten herrscht innerhalb dieser Einheit bürgerliche Gleichheit, vor allem gleicher Zugang zu den Ämtern. Und schließlich muss der Wille der (männlichen) Bürger zur Verteidigung der Freiheit des Vaterlandes durch Erziehung, Armee und politische Institutionen gefestigt werden – denn der Schwache wird unweigerlich die Beute des Starken.

Was Florenz benötigt, sei also ein starkes, autarkes Milizheer. So oft liegt Machiavelli der Republik mit dieser Forderung in den Ohren, bis sie ihn 1506 damit beauftragt, eine solches Heer aufzubauen. Und wirklich: Machiavellis Armee gelingt, woran zehn Jahre zuvor Paolo Vitello aufgrund innenpolitischer Intrigen gescheitert war – sie erobert im Jahr 1509 Pisa. Damit ist Machiavelli am Höhepunkt seiner Karriere. Und doch ist es eine Art Pyrrhussieg. Denn Florenz nutzt die Gunst der Stunde, in der alle Verbündeten Pisas auf der Seite der Liga von Cambrai gegen Venedig kämpfen (das schließlich bei Agnadello eine verheerende Niederlage erleidet) – und so ist es ein billiger Sieg unter Ausnützung eines Bündnisses, an dem sich das „neutrale" Florenz nicht beteiligt hat; und es ist ein Sieg, der Machiavelli die Feindschaft vieler Italiener einträgt und seinen schlechten internationalen Ruf zumindest mitbegründet.

Außerdem täuscht dieser Sieg über die Tatsache hinweg, dass die Miliz ein getreues Abbild der Republik ist: ein Schlachtfeld der Parteienkämpfe nämlich zwischen dem *Gonfaloniere*, den *Arrabiati* (Vertretern der Oligarchie) und den *Pallesken/Bigi* (Medici-Anhängern), aber auch zwischen den Stadtbürgern und den Rekruten aus dem *Contado*. Nur die Überwachung der Soldaten durch gegenseitige Kontrolle der Truppenteile und durch auswärtige Beamte bzw. die *Dieci di Balìa* als Aufseher könne, so Machiavelli, verhindern, dass diese Armee gegen sich selbst Krieg führt. Und so ist es nicht verwunderlich, dass das Heer bei seiner ersten echten Bewährungsprobe kläglich scheitert: Als die Spanier 1512 vormarschieren und die *Signoria* auf die Hilfe des Papstes wartet, während ein beträchtlicher Teil der Armee in Florenz gebunden ist, um die *Pallesken* in Schach zu halten, wird der Rest der Truppe bei Prato praktisch ohne Gegenwehr niedergemetzelt. Prato wird zum Vorspiel für den *Sacco di Roma*: Ramon di Cardona lässt seine Söldner drei Wochen lang plündern und vergewaltigen. „Nicht einmal der weltabgeschiedenen Jungfrauen erbarmte man sich, ihre geheiligten Räume widerhallten von Notzucht und Frevel." (Brief an Alfonsina Orsini de' Medici, September 1512) Dieses Schreiben ist eine Warnung an die Heimatstadt (interessanterweise bereits an die dortige Vertreterin der Medici gerichtet – seine einzige an eine Frau gerichtete politische Korrespondenz): Wenn ihr nicht zu kämpfen bereit seid, wird das Vaterland die Freiheit verlieren – und die Frauen werden dem Eroberer zufallen, was, so der zynische Kalkül, ihren Wert auf dem Heiratsmarkt drastisch reduziert.

Tatsächlich entscheiden sich die Florentiner für eine andere Option: Die Pallesken stürzen den Gonfaloniere – und Machiavelli steht auf ihrer Seite gegen die Arrabiati. Als dann die Medici unter dem Schutz der spanischen Truppen in Florenz wieder die Macht übernehmen, versucht der Mann, dessen Heer für das Fiasko der Republik hauptverantwortlich ist, sich den Medici wieder anzudienen, wird aber (schuldlos) als Verschwörer verfolgt und vertrieben. Soderini zieht in den feudalen Palazzo Montecitorio in Rom ein, Machiavelli in das eher ärmliche Landgut von San Casciano: Wer kann die Launen Fortunas durchschauen?

Das Ende der Freiheit: Dekadenz und Effimierung

Der Geist der Freiheit ist damit aus Florenz verschwunden – ein Schicksal, dem keine Republik je entgangen ist: Die Ungleichheit der Bürger geht einher mit der Bildung rivalisierender, oligarchisch strukturierter Machteliten, deren Parteienkämpfe den Staat unweigerlich zugrunde richten müssen. Als Folge der allmählichen Zerstörung der guten Institutionen durch oligarchische Machtkämpfe breiten sich die Laster der Menschen ungezügelt aus. Habgier und Ehrgeiz der Einzelnen werden unbeherrschbar. Da sich die *ambizione* nicht mehr in Form von Eroberungen befriedigen lässt, richtet sich die Aggression der konkurrierenden Geschlechter nach innen und zersetzt die Ordnung des Staates.

Müßiggang ist auch für Machiavelli aller Laster Anfang. Er identifiziert ihn – nicht zu Unrecht – mit der kulturellen Hochblüte der Zeit vor der französischen Invasion. Inmitten der gewaltigen kreativen Eruption der Renaissance verschwendet Machiavelli, den seine Missionen nach Rom, Siena und Paris führen und der Leonardo da Vinci zu seinen Freunden zählt, keinen Gedanken an die kulturellen Leistungen des Quattrocento. Die Kriegshandlungen des Lorenzo de' Medici werden in der „Istorie Fiorentine" ausführlich gewürdigt; sein Wirken als Kunstmäzen nur mit ein paar Worten trocken kommentiert, quasi als Nachgedanke zum Tod des *Magnifico*. Nicht einmal die gerade von den Medici exzessiv genutzte Möglichkeit der politischen Kunst interessiert Machiavelli; und noch weniger die platonische Philosophie der von Cosimo gestifteten Akademie: Sie ist nichts anderes als Flucht in ideale Welten, Teil einer luxuriösen Pracht, die zu Sittenverderbnis und Impotenz führen muss. Kunst und Philosophie sind wehrkraftzersetzend, weil sie die Energie von der aktiven Gestaltung des politischen Lebens abziehen.

Der „unglaubliche allgemeine Zusammenbruch“ (Arte della guerra VII, 17) des Jahres 1494 sei Folge des vollständigen politischen und sittlichen Versagens der Herrschenden. Sie konnten schöne Briefe schreiben und tiefgründige Reden halten; sie verstanden sich auf Intrigen und Verrat, auf Luxus und Ausschweifung, auf persönliche Habgier und Hochmut. Aber als der Feind einmarschierte, liefen sie in „wilder Kopflosigkeit“ herum und verwarfen die guten Ratschläge kluger Männer – Männer wie des so schmählich vertriebenen Machiavelli.

Dekadenz und Verweichlichung markieren das baldige Ende eines Staates. Sichtbar wird diese Effeminierung der Gesellschaft durch den wachsenden Einfluss der Frauen, die angeblich von Natur aus das Kriegshandwerk verabscheuen und so die militärische Potenz des Staates hexenhaft schädigen. Für einen Augenblick taucht die Möglichkeit eines Lebens ohne Rivalitäten und Machtkämpfe auf. Im Müßiggang finden die Menschen (d. h. die Männer der Oberschicht) materielle und sexuelle Befriedigung (auf Kosten allerdings der ArbeiterInnen und Armen, was Machiavelli freilich nicht erwähnt). Aber es ist eine schreckliche Vision, denn ohne den Machttrieb werden die Krieger schwach und weich (womöglich gar homosexuell – aber auf athenische Weise; bei den Spartanern gab es homosexuelle Eliteeinheiten).

Die These, dass eben immer das Weib die Wurzel allen Übels sei, wird noch durch eine Legende unterstrichen, die Machiavelli aus der „Göttlichen Komödie“ übernimmt. Demnach beginnt die Spaltung der Florentiner Gesellschaft in Guelfen und Ghibellinen mit einer Frauenintrige: Die reiche Donati-Witwe Gualdrada möchte ihre Tochter Reparata mit dem Haupt der Buondelmonti verheiraten, der allerdings bereits mit der Tochter des Lamberduccio degli Amidei verlobt ist. Doch mit Hilfe der erotischen Anziehungskraft ihrer Tochter greift die Mutter in die den Männern vorbehaltene Politik der Heiratsallianzen ein und zerstört die Eheordnung der Väter. Buondelmonti verfällt einer entfesselten Leidenschaft, heiratet Reparata und wird dafür von der Familie seiner Verlobten, deren Kooperationsangebot auf ehrenrührige Weise ausgeschlagen wurde, vor der Statue des Mars auf dem Ponte Vecchio ermordet. Damit beginnt 1215 die Zeit der „roten Farbe“ (Dante: Comedia divina, Paradiso XVI, 154).

So sind also zwei Frauen in gewisser Weise daran schuld, dass 300 Jahre später das seiner Soldatentugenden beraubte Florenz Gefahr läuft, von fremden Herren geknechtet zu werden: Der schwache Staat (im schlimmsten Fall: ein Weiberregiment, vor dem Jean Bodin – im Gedenken an Catarina de' Medici und die ihr allein angelastete Bartholomäusnacht – so eindringlich wie furchterfüllt warnt) wird zur Beute des starken Eroberers.

Resümee

Nach Machiavelli wird die von einem gerechten Gesetzgeber geschaffene, expansive, auf relativ breiter politischer und militärischer Partizipation und bürgerlicher Gleichheit basierende Republik durch den Verlust des Geistes der Freiheit, durch Bildung von Oligarchien und durch deren Parteikämpfe unweigerlich zerstört. Ehrgeiz, der sich nach innen richtet, Dekadenz und der verweichlichende Einfluss der Frauen zersetzen die Wehrbereitschaft, bis der Staat ausländischen Mächten zum Opfer fällt.

Agonie des politischen Körpers: Die heilende männliche Kraft des Principe

Der starke Mann als Krisenmanager

Was bleibt in einer solchen Situation der Auflösung des Staates noch, wenn nicht der unvermeidliche Ruf nach einem starken Mann? Warum es ein Mann sein soll, braucht im Denken des Patriarchats ebenso wenig weiter begründet zu werden, wie es in scharfem Kontrast zur Realität einer Zeit steht, die eine Fülle von in jeder Hinsicht herausragenden weiblichen Herrschergestalten (etwa Catarina Sforza) hervorgebracht hat.

Warum aber muss es *ein* Mann sein? Weil im Augenblick der Krise auf Leben und Tod dieser eine Mann die Einheit des Staates dar- und herstellt: Er ist das eine Haupt des Staatskörpers, der Erretter aus der Spaltung der Parteienkämpfe, der neue Nomothet, der Erlöser – eine Verquickung von politischer und religiöser Symbolik, die für den italienischen Nationalismus mindestens bis zur Irredenta bestimmend sein sollte. Diese messianische Figur prophezeit Machiavelli 1513 im „Principe“ und erneut 1526 in seinen Berichten vom Heer der Heiligen Liga. Zu diesem Zeitpunkt ist das aber nur noch eine Durchhalteparole: In einem zeitgleichen Brief an Vettori hat er längst alle Hoffnung auf eine Einheit Italiens gegen ausländische Interventionen fahrengelassen. Aber an den Helden scheint er immer noch zu glauben, an den Mann, der zum Neubegründer, zum Vater des Vaterlandes werden kann dank seiner politischen und militärischen Potenz, seiner *virtù*, der altrömischen *virtus*, die weniger mit aristotelischen Herrschertugenden zu tun hat als mit Kraft und Mannestum *(vir)*, mit Disziplin und Kampfbereitschaft, wie sie dem römischen Bauernstaat zu Eigen gewesen sein soll.

Virtù ist einer der vier Faktoren, die das politische Handeln bestimmen. Zwei weitere sind äußerlicher Art: Mit *necessità* bezeichnet Machiavelli die Sachzwänge, die sich aus der Entwicklung einer bestimmten Situation notwendig ergeben und die Mittel bestimmen, mit denen ein bestimmtes Ziel, so das überhaupt möglich ist, erreicht werden kann. Mit *fortuna* umschreibt er Glück und Unglück, das Schicksal oder das Verhängnis, das – im Gegensatz zur griechischen Tragödie – allerdings nicht völlig unentrinnbar ist: Fortuna ist so etwas wie das politische Potenzial des Auf- oder Abstieges im Machtkampf, das jede Situation bereithält. *Ragione* schließlich, die politische Klugheit, versteht es, eine Situation richtig zu analysieren, die Mechanismen und Strategien der Macht zu erkennen und ein geeignetes Ziel zu definieren. Und um die sich bietende Gelegenheit zu nutzen, im rechten Augenblick „regelkonform“ zu handeln, sein eigenes Schicksal und das Politische schöpferisch selbst zu gestalten, ist wieder *virtù* erforderlich. Den beiden Kategorien, die die Macht der Umstände bezeichnen, stehen also zwei Kategorien der Selbstbestimmung gegenüber.

Gewalt und Verbrechen als Mittel der Politik

In der Krise auf Leben und Tod wird *virtù*, wie es Hegel ausdrückt, zur Fähigkeit, das der Verwesung nahe Fleisch des politischen Körpers durch eine entsprechende Radikalkur wiederzubeleben. Der Wunderheiler hat dabei das „kranke“ Gewebe herauszuschneiden – der Einsatz angemessener Gewalt ist also gerechtfertigt –, und anschließend lässt sich dieses nunmehr tote Gewebe mehr oder weniger leicht beseitigen, indem man es verbrennt, ins Meer kippt oder in Massengräbern verscharrt: Das zumindest sind die Schlussfolgerungen der Machiavellisten aller Zeiten gewesen.

Machiavelli selbst begründet den Einsatz von Gewalt damit, dass die Krankheit des Staates stets auch eine Krankheit der Sitten der StaatsbürgerInnen ist. Wo die Menschen aber dermaßen schlecht geworden sind und keine Institutionen sie mehr in Zaum halten, reicht der moralische Appell einfach nicht mehr aus. Schlimmer noch: In einer weitgehend bösen Welt wird moralisches Handeln selbstzerstörerisch.

Zur Wiederherstellung von Freiheit, Recht und Ordnung können Verbrechen, Grausamkeiten und Gewalttaten erforderlich sein, d. h. „eine königliche Hand, welche mit unumschränkter und übermäßiger Macht dem übermäßigen Ehrgeiz und der Verderbnis der Mächtigen einen Zaum anlegt" (Discorsi I, 55). Machiavelli befürwortet also durchaus keine totalitäre Gewalt gegen das Volk (das seiner Ansicht nach eine weit geringere Gefahr für die Freiheit darstellt – solange es sich nicht um die Arbeiter handelt): Die konkurrierenden Geschlechter, die Reichen und Mächtigen, deren Ehrgeiz keine Grenzen kennt, als seine gefährlichsten Rivalen notfalls mit Gewalt zu zügeln und so den inneren Machtkampf zu beenden, dazu ist der Principe aufgerufen.

So wenig, wie er den Menschen moralische Qualitäten grundsätzlich abspricht, so wenig sieht Machiavelli in der Gewalt ein Allheilmittel für die Destruktivität ihrer Leidenschaften. Nur wenn die *necessità* den Einsatz von Gewaltmitteln nach der *ragione* des Handelnden geboten scheinen lässt, dann muss dies rücksichtslos, ohne auf moralische Bedenken zu achten und durchschlagend geschehen; danach kann der Fürst rasch wieder Wohltaten erweisen, um die Gunst des Volkes zu gewinnen. Diese gewissermaßen punktuelle Gewalt ist legitim, wenn sie der Existenzsicherung oder der Erneuerung des Staates dient: Die Erfordernisse von Freiheit und Überleben des Gemeinwesens suspendieren Moral und Gesetz im Namen einer politischen Klugheit, die schon Machiavellis Zeitgenossen zur „ragione di stato" verallgemeinern sollten.

Diese Zeitgenossen waren weniger von der grausamen politischen Realität schockiert als von Machiavellis Offenheit, die Dinge beim Namen zu nennen und den Politikern die Maske der Scheinheiligkeit herunterzureißen. Machiavelli lehnt es ab, Verbrechen und Gewalt moralisch zu bemänteln. Sein Principe handelt nicht im Namen

Gottes, des Guten, einer universelle Gültigkeit beanspruchenden ethischen Norm. In einer komplexen Welt haben politische Handlungen stets ambivalente Konsequenzen: Gutes Handeln kann (selbst)zerstörerisch sein, böses wieder das Gemeinwesen retten. Entscheidend ist allein, dass das Handeln dem dient, was Machiavelli für eine existentielle Notwendigkeit hält, die nicht weiter hinterfragt werden kann (und darf): der Freiheit und der Stärke des Vaterlandes.

Religion als Herrschaftsinstrument

Im Gegenzug entlarvt Machiavelli den oft scheinhaften Charakter von Moral in der Politik; und er meint damit nicht den angeblichen „Tugendterror" der „Gutmenschen" oder das, was Carl Schmitt in seiner antidemokratischen und gegen den Anspruch des modernen säkularen Individuums auf Selbstbestimmung gerichteten Haltung „Tyrannei der Werte" genannt hat. Worauf Machiavelli hinweist, ist die Möglichkeit, Werte zur Täuschung und Führung von Menschen einzusetzen. Da der „Pöbel" zwischen Schein und Wirklichkeit nicht zu unterscheiden verstehe, genüge es, wenn der Herrscher den Anschein von Tugend erwecke.

Insgesamt hat die Moralisierung des Politischen für Machiavelli rein instrumentellen Charakter und wird darin durchaus bejaht. Religionen eignen sich besonders gut als Herrschaftsideologien: Ein alles sehender, ein allmächtiger Gott, der Lohn und Strafe im Jenseits zuteilt, zwingt die Menschen zu gesetzeskonformem Handeln (zumindest solange Kirche und Staat sich über den Inhalt der Gesetze einig sind). Gottesfurcht stärkt die Staatsgewalt, nicht zuletzt, weil sie sich im Zeitalter des Absolutismus auf den monarchischen Souverän als den irdischen Stellvertreter Gottes übertragen lässt (so jedenfalls in den Theorien Bodins und Hobbes').

Eine effemierende Sklavenreligion

Das Verbrechen, das die Kirche Machiavelli nie verzeihen sollte, besteht nun weniger darin, dass er (auch) das Christentum unter dem Gesichtspunkt des Instrumentellen betrachtet hat, sondern vor allem darin, dass er diesem Christentum in dieser Hinsicht ein völliges Versagen attestiert hat: Es sei – im Gegensatz zur römischen Soldatenreligion, die in pompösen Zeremonien Tapferkeit, Körperkraft und Grausamkeit fördere – eine Sklavenreligion. Mit seiner Lehre, auch die andere Backe hinzuhalten, habe es die Bürger in ein quietistisch befriedetes Objekt despotischer Machtausübung verwandelt.

Dieses verweichlicht-weibische Christentum trage die Hauptschuld am Niedergang Italiens: Zum einen habe es die Verteidigungsbereitschaft untergraben, zum anderen die Etablierung einer zentralistischen Herrschaft verhindert. Es sei der Ehrgeiz der Nachfolger Petri gewesen, der zur Intervention ausländischer Mächte geführt habe: War es nicht der Wechsel der Bündnispolitik des Borgia-Papstes zu Gunsten des Königreichs Neapel, der Karl VIII. zum Einmarsch bewogen hat?

Und schließlich habe das Christentum immer schon zur Sektenbildung geneigt. Mit dem Arianerstreit bereits sei der Bruch zwischen Ost- und Westrom eingeleitet worden, und so habe das Christentum die Einheit des Reiches, dieses selbst und zuletzt auch noch den Trost der Religion zerstört, weil niemand mehr wissen konnte, welcher Gott der Wahre ist. Erst Theoderich – für Machiavelli eine weitere Inkarnation des Erretters – habe nach einer langen Phase der Zwietracht, des religiösen Streites und der wechselnden Staats- und Regierungsformen durch seine persönliche Autorität, sein militärisches Geschick und seine kluge Politik Sicherheit, Frieden und Ordnung wiederhergestellt. Tatsächlich sollte die mit Luthers Thesenanschlag noch zu Machiavellis Lebzeiten begonnene neuzeitliche Sektenbildung die ganze christliche Welt in Religionskriege stürzen.

Im Übrigen beruht auch Machiavellis Erkenntnis der politischen Instrumentalisierbarkeit von Religion auf persönlicher Erfahrung: Kühl die Vorgangsweise Savonarolas analysierend, gelangt Machiavelli schon 1498 zu dem Schluss, dass der Frate apokalyptische Predigten gezielt einsetzt, um die Bürger zu seiner Verteidigung zu mobilisieren. Bewusst schürt der wortgewaltige Dominikaner die Ängste der Florentiner vor Fremdherrschaft, baut dabei ein Feindbild auf, das den Papst zum Antichrist erklärt, seine „Tyrannei“ als „teuflisch“ und innerstädtische Oppositionelle als Agenten des Satans bezeichnet – und stellt dieser Front sich selbst als Stellvertreter Christi, als Erlöser, zuletzt als Märtyrer gegenüber. Und als Savonarola auf dem Scheiterhaufen stirbt, gelangt Machiavelli überdies zur Erkenntnis, dass der unbewaffnete Prophet letztlich scheitern muss.

Zweckgebundenheit absoluter Macht

Bei aller Anbetung der Macht ist sie für Machiavelli keinesfalls Selbstzweck. Gerade die außerordentlichen Machtbefugnisse des Principe sind auf ein ganz konkretes Ziel ausgerichtet: Er ist aufgerufen, eine politische Ordnung auf der Basis einer neuen Verfassung zu schaffen. Machiavelli rät ihm dabei, die alten Rechtsformeln möglichst zu erhalten, um den Anschein der Kontinuität zu wahren und die anfänglich unsichere Legitimität der neuen Herrschaft nicht zu gefährden. Alte Gewohnheiten des Volkes lassen sich nicht so rasch ändern, nur allmählich, müssen den veränderten Umständen angepasst werden.

Sobald die Krise aber überwunden, Ordnung geschaffen, Gerechtigkeit hergestellt ist, muss die unbegrenzte Machtfülle des Principe wieder aufgelöst werden. Andernfalls werden die ohnehin schlechten Sitten noch weiter ruiniert, bringt die *crisis* nicht Gesundung, sondern ein Fortschreiten der tödlichen Krankheit.

Der Principe als mythischer Held

Die politisch relevanten Fähigkeiten des Principe sind *ragione* und *virtù*, nicht Tugendhaftigkeit: Als Mensch ist er im Allgemeinen nicht besser als andere Menschen, ja die Gefahr ist sogar sehr groß, dass er mehr seinem privaten Ehrgeiz folgt als den Notwendigkeiten des Gemeinwohls und der Rettung des Staates. Ausdrücklich stellt Machiavelli fest, dass von einem wirklich schlechten Menschen – er führt den Machthaber an, der Gewalt nicht aus *ragione*, sondern zur Befriedigung seiner sadistischen Leidenschaft ausübt – keine gute Verfassung zu erwarten sei.

Aber auch wenn der Principe die richtigen Qualitäten besitzt, ist absolute Macht kein Garant für Stabilität, im Gegenteil: Üblicherweise sind die Nachfolger guter Fürsten mittelmäßige oder schlechte Herrscher. Dauerhafter als die Persönlichkeit des starken Mannes sollen die von ihm zu schaffenden Institutionen sein: das Recht, die politischen Ämter zur Kanalisierung des Ehrgeizes der Geschlechter, die religiösen und weltlichen Einrichtungen zur Erziehung und Sozialdisziplinierung der BürgerInnen. Der Staat kann zwar nicht auf der persönlichen Sittlichkeit und Tugend dieser BürgerInnen gegründet werden – ohne sie kann er aber auch nicht funktionieren. Insofern ist

Machiavellis Pessimismus eher methodischer als tatsächlich misanthropischer Natur – wobei allerdings selbst mit dieser Einschränkung es schwer erklärbar ist, wo denn die guten Institutionen herkommen sollen: Schließlich müssen sie von eben den Menschen geschaffen werden, deren überwiegend destruktive Natur sie zu zähmen haben.

Es ist nicht erstaunlich, dass der erfolgreiche Principe die Züge legendärer Helden und sagenumwobener historischer Persönlichkeiten trägt: die des Nomotheten oder des Reichsgründers und Staatspatriarchen (Romulus, Kyros, Alexander, Theoderich). Der Principe, der Italien und Florenz im Sinne Machiavellis zu erretten vermag, ist im Grunde eine mythische Figur, das, was Joseph Campbell den Kulturheros nennt, und für den es in der politischen Realität nur unzureichende Entsprechungen gibt.

Bezeichnend dafür ist die Art, wie Machiavelli das Bild Cesare Borgias zeichnet. Seine Bewunderung gilt dem schlauen Fuchs, der seine verschwörerischen Hauptleute Vitellozzo und Oliverotto bei Sinigaglia in die Falle lockt und töten lässt. Als aber sein Vater und Schutzherr, Alexander VI., einem Giftanschlag erliegt, zeigen Machiavellis Gesandtschaftsberichte aus Rom zunehmende Verachtung für den Zauderer, der sich seinem schlimmsten Feind auf Gedeih und Verderb ausliefern muss, weil er nicht verhindern kann, dass Giulio della Rovere als Julius II. den Heiligen Stuhl besteigt: „Der Herzog scheint mir den Kopf verloren zu haben; denn er weiß selbst nicht, was er will, so verwirrt und unentschlossen ist er.“ (Legazione, 17. Brief vom 14. Nov. 1503)

Im Gegensatz zu dieser realpolitischen Analyse entfaltet die nach dem Sturz des Herzogs Valentinois verfasste „Descrizione“ (1504) die Dramaturgie eines antiken Theaterstücks, wobei der zeitweilige Erfolg des Borgia als zwangsläufiges Resultat einer präzise kalkulierenden Politik dargestellt wird. Hier (er)findet Machiavelli also den Idealtypus, den er im „Principe“ zum „Meister der Verstellung“ (Kap. 13) stilisiert, dem man „keinen begründeten Vorwurf machen kann. Ich glaube vielmehr, er ist das Muster für alle, welche fremde Waffen und das Glück zum Throne erhoben“ (Kap. 7). Cesare Borgia wird zum Helden der *ragione*, dessen *virtù* aber letztlich an der Missgunst *fortunas* (nämlich dem unzeitigen Tod seines päpstlichen Vaters) scheitert.

Jedenfalls ist zumindest in der politischen Mythologie mit der Etablierung einer neuen Herrschaft und Verfassung der Zyklus von Geburt und Tod und Wiedergeburt abgeschlossen. Die *virtù* des Principe hat den Staat zu seinen guten Ursprüngen zurückgeführt und damit das „ritornar al principio" vollzogen. Ein neuer Zyklus kann beginnen.

Resümee

Nach Machiavelli bewirkt die Krankheit des Staates, die immer auch eine sittliche Erkrankung der Staatsbürger ist, eine zeitweilige Suspendierung von Gesetz und Moral. Heilung und Erneuerung können den Einsatz von Verbrechen und Gewalt erforderlich machen. Durch kluge Einsicht in die Notwendigkeit eines den amoralischen Prinzipien der Staatsräson folgenden Handelns in einer Krise auf Leben und Tod vermag der Principe den politischen Körper aus seiner Agonie zu reißen und zum *Principio,* dem guten Ursprung einer gerechten Verfassung, zurückzuführen, indem er *Fortuna* seiner männlichen Lebenskraft und Potenz, seiner *virtù,* unterwirft.

Macht und Geschlecht

Das beherrschte Weib

In dem bisher Gesagten ist mehrfach angeklungen, dass zwischen Machiavellis Theorie (um nicht zu sagen: Vergötzung) der Macht und dem Verhältnis der Geschlechter – das sich hinsichtlich der Eigentumsrechte, der Ehe, des Berufs, des sozialen Status' und der sexuellen Beziehungen im Verlauf der Neuzeit mindestens bis in die viktorianische Ära deutlich zu Ungunsten der Frauen verschiebt – eine alles andere als zufällige Korrelation besteht. In beiden Fällen findet nicht nur auf rhetorischer Ebene eine Machtergreifung statt, die den Anspruch auf zunehmende Naturbeherrschung (den Fortschritt von Wissen und Macht) modellhaft am weiblichen Körper und seinen generativen Funktionen entwickelt.

Wer die Fortpflanzung kontrolliert, der hat in einer zunehmend säkularisierten Welt Macht über Leben und Tod. Mit immer strengeren Gesetzen wird versucht, das reproduktive Verhalten staatlicher Kontrolle zu unterwerfen (etwa als „Repeuplierungspolitik" nach Seuchen und Kriegen). Und dahinter steht schon der alchimistische

Traum vom Zeugungsakt, der ohne das launische Weib auskommt (und damit vielleicht den Tod überwindet). Es ist der Traum vom Homunculus des Paracelsus – oder der Alptraum von Mary Shelleys Frankenstein: Beides scheint heute in greifbare Nähe zu rücken.

Überhaupt versuchen die Obrigkeiten der Neuzeit die Sexualität der Untertanen zu reglementieren, denn fast nichts fürchtet autoritäre Herrschaft so sehr wie das anarchistische Potenzial freier Liebesbeziehungen und „ungeregelter" Geschlechtlichkeit. Bei Machiavelli wird dadurch der expansive Machttrieb des Staates bzw. seiner Soldaten zerstört. Alle Anbeter der Macht – ob ihre seltsame „Liebe" der Allmacht Gottes gilt (wie bei Luther) oder der Allmacht des Souveräns (wie bei Hobbes, der seine Verehrung jedoch als Schutzfunktion im Interesse der Selbsterhaltung rationalisiert) – fürchten die Verweigerung des Gehorsams; in ihr äußert sich für sie die Destruktivität der menschlichen Natur.

Im Gegenzug für ihre Unterwerfung unter die Macht räumt das staatliche Gewaltmonopol den als männlich definierten Untertanen ein privates Gewaltmonopol innerhalb der Familie ein: das Züchtigungs-, gelegentlich sogar Tötungsrecht gegenüber Frau und Kindern, also den beiden Gruppen, die im Allgemeinen als unfähig angesehen werden, ihre Triebe selbst zu kontrollieren (aus diesem Grund kann es nach Bodin auch keine gute Monarchin geben, denn nur, wer sich selbst beherrscht, kann über andere herrschen).

Alles Weibliche soll der Herrschaft des Männlich-Rationalen unterworfen sein, wobei im Umkehrschluss alles Beherrschte Züge des Weiblichen annimmt: die Natur, das Volk. Ist nicht der Souverän der Bräutigam des Volkes? Die Begründung für die Rechtmäßigkeit und Natürlichkeit des Herrschaftsverhältnisses zwischen den Geschlechtern ist dabei rasch gefunden: Das Weib ist die Quelle des Lebens – und damit, so die christliche Mythologie, auch des Todes. Denn dieser ist die gerechte Strafe für die Ursünde Evas: dem Vatergott den Gehorsam verweigert zu haben. Das allein genügt, dem Weib, dem diese Sünde unauslöschlich in den Körper eingeschrieben ist, eine Generalschuld zuzuschreiben – wie der Donati-Witwe für den Niedergang von Florenz. Es ist daher dem von Kirche und Staat in der Neuzeit dazu ermächtigten Patriarchat ganz selbstverständlich, dass dieses gefährliche Wesen in seiner erschreckenden, weil sterblichen Materialität („Materie" leitet sich bekanntlich von „mater" her) diszipliniert und kontrolliert zu werden hat.

Das geprügelte Weib

Bei Machiavelli ist absolute Macht Symptom der Krise – und zugleich Heilmittel. Es ist also kein Zufall, wenn der Träger dieser Macht zumeist als jugendlicher Held – Cesare Borgia, Giovanni delle Bande Nere, Castruccio Castracani – gedacht wird. Er ist der Kulturheros: Wie der babylonische Marduk rechtfertigt er seine Herrschaftsansprüche aus einem Akt gewaltsamer Machtergreifung über das Weibliche. Marduk erschlägt Tiamat, den Drachen des Urchaos (d. h. das patriarchalische Schreckgespenst der Frau als Todesbotin oder Todesgöttin), um aus ihrem Fleisch die Ordnung der Welt zu erschaffen.

Der Principe muss mit seiner *virtù* die *Fortuna* bezwingen, „weil das Glück ein Weib ist, mit dem man nicht auskommen kann, wenn man es nicht prügelt und stößt“ (Principe, Kap. 25). Das ist mehr als nur ein sprichwörtlicher Ausdruck (und selbst als solcher sagt er einiges über das Geschlechterverhältnis aus). Anders als bei Tiamat sind im Bild der Fortuna Tod und Leben repräsentiert: Fortuna kann ihr Füllhorn (ihre Gebärmutter) ausgießen, sie kann ihren Günstling mit einer Drehung des Rades aufsteigen lassen. Das Füllhorn kann aber auch zur Büchse der Pandora werden, und dieselbe Drehung vermag den Unglücklichen hinabzuschleudern – in einem Höllensturz, denn schließlich existiert zwischen Weib und Teufel eine mächtige Affinität.

Das triumphierende Weib

Der *Principe* verkündet den Erfolg des Gewaltaktes (der in der Realität ganz ohne Heldenhaftigkeit an den Frauen von Prato und Rom verübt wird). Doch je länger die Zeit des Exils wird, desto pessimistischer wird Machiavelli in dieser Hinsicht. Die „Vita di Castruccio Castracani“ (1520) schildert einen durchaus konträren Ablauf: Sie ist keine historische Analyse, sondern ein Heldenepos. Titanenhaft und schön wie ein griechischer Halbgott ist Castruccio schon bei seiner Geburt zu Größe und Herrschaft (d. h. zur Züchtigung der Schwachen) bestimmt. Seine „dunkle“ Herkunft als Findelkind verweist ebenso auf den Gesetzgeber Moses wie auf die Realität des wachsenden Problems der Kindsweglegungen (die Babyklappe ist keine Erfindung unserer Zeit) – soll aber auch zeigen, dass zielgerichtetes politisches Handeln nach den Kriterien der *ragione* erlernbar, also kein Privileg des Blutes ist.

Doch diese *ragione* ist – ebenso wie *virtù* – etwas, das der Herr von Lucca sich erst erwerben muss. Die Bestimmung Fortunas setzt aber schon bei der Geburt ein, was die Geschichte des Helden in eine des Scheiterns an der mütterlichen Über-, ja Allmacht verwandelt – ein für Florenz nicht ganz untypisches Bild. Von ihr begünstigt, erringt der Held in der Schlacht am Arno einen überwältigenden Sieg, der ihm die Herrschaft über die Toskana sichern soll. Exakt 20.231 Feinde bleiben tot auf dem Schlachtfeld zurück: Die Totalisierung des Krieges wird in die Vergangenheit zurückprojiziert. Es sollte Castruccios letzter Kampf sind – erhitzt vom eigenhändigen Niedermetzeln der Feinde zieht er sich ein tödliches Fieber zu: Das Rad der Fortuna hat ihn in einzigartige Höhen erhoben, um ihn im entscheidenden Moment zu stürzen.

Es ist angemessen, wenn am Ende auf den Helden der Schoß des Grabes wartet. Auch damit ist ein Zyklus abgeschlossen, der seinen Ursprung im Mütterlich/Weiblichen hat – ein einmaliger Zyklus, denn Castruccio hat kein Heldengeschlecht gezeugt und keine stabile Herrschaft hinterlassen. Abseits der Rationalisierung dieses Scheiterns – Lucca ist eben nicht Rom, also (im Gegensatz zu Florenz) nicht geeignet, Mittelpunkt eines Weltreiches zu sein – klingt sehr deutlich Machiavellis Resignation angesichts des Triumphes der Fortuna durch, „die Schiedsrichterin über alle menschlichen Dinge sein will" (Vita, S. 32) und sich auch mit Prügeln nicht zur Räson bringen lässt. Die Möglichkeit von Staaten und Politikern, ihr Schicksal selbst zu bestimmen, ist stets begrenzt: *Fortuna* ist „wechselhaft, gebietet den Menschen und hält sie unter ihrem Joch". Der wahrhaft Weise müsste ein allumfassendes Wissen besitzen, „dass er die Zeiten und Ordnungen der Dinge erfasste und sich ihnen anpasste", dass er „den Sternen und dem Schicksal gebietet" (Brief an Piero Soderini, Jänner 1513).

Die – von Machiavelli gering geschätzte – Wissenschaft der Neuzeit sollte sich daran machen, dieses Wissen zu erwerben, um den Zufall, die Launenhaftigkeit Fortunas auszuschalten; nicht, um sich den Dingen anzupassen, sondern um die Dinge sich selbst anzupassen, indem eine über die subjektive Klugheit hinauswachsende, objektivierbare Vernunft sie berechenbar und damit beherrschbar macht. So versucht Leonardo da Vinci selbst noch in den zufälligen Mustern von

Wasserwirbeln die Gesetze der Natur zu erkennen, um sie nach seinem Willen manipulieren zu können.

Es dauert nur ein Jahrhundert, bis jemand verkündet, er habe dieses erforderliche Wissen erworben: Thomas Hobbes erklärt sich zum Begründer einer Wissenschaft des Politischen, die die Konstruktion eines prinzipiell auf Dauerhaftigkeit angelegten Staates in Aussicht stellt – einer Maschine, die sich bei entsprechender Einsicht in die Naturgesetze logisch ableiten und technisch herstellen lässt. Der Leviathan mag als Person sterblich sein; als Institution ist er unsterblich.

Für Machiavelli aber sind auch die Institutionen vergänglich. Ihre Anpassungsfähigkeit und Resistenz mag noch so groß sein, eine der „weiblichen Launen" Fortunas wird sie zuletzt hinwegfegen, während ihre Erneuerung mehr ein Wunschtraum als ein politisches Konzept ist. Geradezu zwanghaft beschreibt Machiavelli die Politik seiner Zeit, die Geschichte seiner Heimat, sogar sein persönliches Geschick als (meist destruktives) Wirken Fortunas – passenderweise, denn der übergroße Einfluss des Weiblichen ist für ihn schließlich eines der als besonders schmerzhaft empfundenen Symptome der akuten Krise.

Immer wieder schöpft Machiavelli dabei aus seiner eigenen Erfahrung (die politische Krise ist ja auch die Krise des Politikers). Bereits seine erste Gesandtschaft macht ihn reichlich mit den „weiblichen Launen" vertraut. Sie führt ihn 1499 zu Catarina Sforza, der Herrin von Forlì und Imola. Die ebenso attraktive wie kluge dreifache Witwe versteht es geschickt, den unerfahrenen Florentiner, der ihrem Charme zu erliegen droht, an der Nase herumzuführen. An einem Tag bietet sie überschwenglich ein Bündnis an, um es am nächsten Tag wieder zurückzuziehen. Sie spielt mit Machiavelli, der schließlich unverrichteter Dinge abziehen muss.

Kurz darauf ereignet sich jener Zwischenfall, der Catarina Sforza zur Legende macht. Im Zuge seiner Eroberungszügen in der Romagna besetzt Cesare Borgia Forlì. Die Stadtherrin verschanzt sich in der Burg und wartet auf Hilfe aus Mailand – da drohen die Aufständischen mit der Ermordung ihrer Kinder. Ungerührt ersteigt sie die Festungsmauer und weist auf ihren Unterleib: Sie könne jederzeit für Ersatz sorgen. Das mag eine eher kühne Behauptung der immerhin fast 40jährigen Fürstin gewesen sein – und wahrscheinlich handelt es sich auch überhaupt nur um eine Legende, die die Sforza als Rabenmutter entlarven soll, die eiskalt den Tod ihrer eigenen Kinder ins Kalkül zieht. Doch selbst als Legende verweist die Geschichte auf die

Gebärmutter als den Ursprungsort einer weiblichen Macht, die für Männer kaum kontrollierbar ist (nicht einmal der Vaterschaft kann man sicher sein) – es sei denn eben durch einen Gewaltakt.

Resümee

Nichts kann sich – auch nach Machiavelli – auf Dauer der Macht des Ewig-Weiblichen entziehen, das die heldenhaften Reichsgründer nicht nur hinanzieht, sondern unvermeidlich auch wieder hinabstürzt. Im ewigen Machtkampf männlicher Rivalen erringen nur die Stärksten die Gunst Fortunas; ohne ihr Wohlwollen aber bleibt all ihre Stärke, ihre virtù, impotent: Im Tod von Helden und Staaten triumphiert die geprügelte Weiblichkeit. Erst im 17. Jahrhundert wird es die männliche Vernunft sein, die der Natur ihre Geheimnisse und Gesetze abringt, um sie zu beherrschen und aus dieser Erkenntnis heraus auch eine dauerhafte politische Herrschaftsordnung – den sterblichen Gott, den Leviathan – zu erschaffen.

Zum Schluss: ein verteufelter Staatsfeind

Bemerkenswert ist die Wirkungsgeschichte Machiavellis. Schon kurz nach seinem Tod wird er zum Schreckgespenst der Neuzeit, wird als „murd'rous Machiavel" des Elisabethanischen Theaters zum Staatsfeind. Die weltlichen Fürsten können ihm nicht verzeihen, dass er die *arcana imperii*, die Geheimnisse des Regierens und der hemmungslosen Machtpolitik, vor den Augen des Pöbels – in der Sprache des Volkes statt im Gelehrtenlatein schreibend – enthüllt, den Schein in der Politik entlarvt und solcherart ein Verbrechen gegen die Staatsgewalt begangen hat.

Die Kirchenfürsten wiederum sind empört, weil Machiavelli die Religion zu einem Werkzeug der Politik degradiert – als ob dies seine Erfindung wäre und nicht eine von Kirche und Staat seit langem geübte Praxis. Reginald Pole jedenfalls meint 1539, der Teufel selbst habe den „Principe" diktiert. Was Wunder, hat doch Pole selbst die Installierung der Anglikanischen Staatskirche mit Heinrich VIII. als *Supreme Head of the Church* erlebt – ein zutiefst machiavellistischer Akt der politischen Instrumentalisierung der Religion: Da der katholische Kardinal den Suprematsakt verweigert, ist er gezwungen im Exil zu leben; aber 1554 kehrt er zurück, um als päpstlicher Legat die gewaltsame Rekatholisierung Englands zu betreiben: eine nicht weniger machiavellistische Machtpolitik, für die dann seine Königin den Beinamen „die Blutige“ erhalten sollte.

Vor allem wegen ihrer Kirchenkritik werden die (nach 1532 mit dem Imprimatur Clemens VII. versehenen) Werke Machiavellis im Jahr 1559 auf Betreiben der Jesuiten auf den Index der verbotenen Bücher gesetzt – als satanische Verse sozusagen. Machiavelli ist zum Lehrmeister des Bösen, zum Zerstörer aller Werte geworden. Und unter seinem Namen ruft man in England noch heute den Teufel an: Old Nick, der die Menschen auf das Rad der Fortuna geflochten hat.

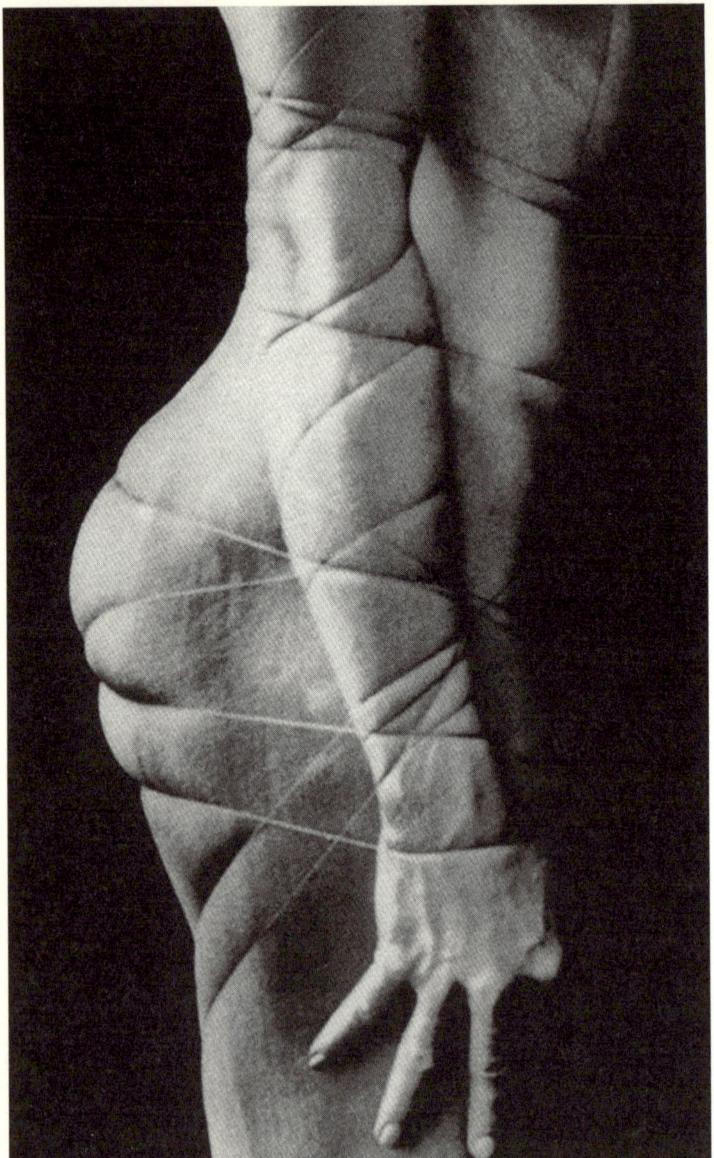

Alexander Van der Bellen / Robert Luschnik

Die Verfassung des Staates

Wenn man von der Verfassung eines Staates spricht, kann man darunter zweierlei verstehen: zum einen die Frage, in welchem „Zustand" allgemein sich ein Staat befindet, also wie sich das politische, gesellschaftliche und soziale Klima innerhalb eines Staatsgefüges darstellt; und zum anderen die Beschreibung der Verfassung des Staates im engeren Sinn, also der verfassungsrechtlichen Grundnormen, von denen alle ergangenen einfachgesetzlichen Regelungen ableitbar sein müssen. Bei beiden Deutungen handelt es sich um hochpolitische Fragen, die zweifellos in einer wechselseitigen Beziehung stehen.

Verfassung ist jedoch nicht nur die – rein formal betrachtet – höchste Norm im Rahmen des Stufenbaus der Rechtsordnung, von der sich etwa durch die Regelung der Kompetenz-Kompetenz die Legitimation weiterer Rechtssetzungsakte – etwa durch einfache Bundesgesetzgebung oder Landesgesetzgebung – ableiten lässt. Sie ist auch nicht nur der festgesetzte Grundkonsens über den „Bauplan" der Gebietskörperschaften und der Institutionen des Staates sowie deren Verhältnis untereinander. Vielmehr handelt es sich bei der Verfassung quasi um die verbrieften „Spielregeln der Demokratie". Weil aber dem demokratischen System immanent ist, dass – grundsätzlich – die Mehrheit entscheidet *(Art. 1 B-VG: Österreich ist eine demokratische Republik. Ihr Recht geht vom Volk aus.)*, offenbart sich die Bedeutung dieser Spielregeln insbesondere in der Frage, wie mit Minderheiten umgegangen wird und welche Rechte dem/der Einzelnen zukommen. Daher sind es Materien wie die Volksgruppenrechte, die Gleichstellung von Behinderten, die Rechte sexueller Minderheiten oder die Gleichstellung von Mann und Frau, die als Maßstab für die zeitgemäße Ausgestaltung einer Verfassung zu gelten haben. Nicht übersehen werden darf in diesem Zusammenhang freilich, dass gerade in diesen Bereichen (wie auch in manchen anderen) Verfassung und Realverfassung – also die konkrete Umsetzung der Staatszielbestimmungen in erlebbare Realitäten – mitunter weit auseinanderklaffen. So vermag beispielsweise die formal im Verfassungsrecht verankerte Gleichstellung von Mann und Frau nichts daran zu ändern, dass es in der Praxis weiterhin große Unterschieden in deren Einkommenssituation gibt. Und so hat – um ein weiteres Beispiel zu nennen – das verfassungsrechtliche Verbot der Diskriminierung aufgrund sexueller Orientierung noch immer nicht zu einer Aufhebung des umstrittenen § 209 StGB geführt.

Ist der Verfassungsbogen überspannt?

Was die Verfassung Österreichs im Sinne einer Beschreibung des allgemeinen politischen Klimas anlangt, in dem sich das Land befindet, ist seit der Angelobung der ÖVP-FPÖ-Bundesregierung am 4. Februar 2000 eine spürbare Änderung eingetreten. Die vergangenen zwei Jahre waren geprägt von Sozialabbau, vom Versuch einer „autoritären Wende" und von außenpolitischem Chaos. Seit dem ersten Tag der Angelobung dieser Bundesregierung haben eine ganze Reihe von Aktivitäten, von „Vorschlägen" und Angriffen des Kärntner Landeshauptmanns und seiner Parteigänger die demokratischen Grundregeln in Österreich massiv in Frage gestellt. So wurde beispielsweise der Vorschlag gemacht, man sollte Kritik an der Regierung mit Strafverfahren und Mandatsentzug für Abgeordnete ahnden. So wurden etwa im Namen der (Ex-)Kanzlei des Justizministers zahllose straf- und zivilrechtliche Verfahren gegen KritikerInnen dieser Regierung sowie KritikerInnen der FPÖ eingebracht. Und so wurde nicht zuletzt der Versuch unternommen, die freie Berichterstattung der Medien mit Hilfe eines „Maulkorbparagraphen" für JournalistInnen zu beschränken. Diese Beispiele des schwarzblauen Rechtsverständnisses lassen erahnen, in welche Richtung der Reformeifer der FPÖ die Republik führen soll: nämlich schnurstracks in die Dritte Republik à la Haider.

Zu einer völlig neuen – noch nie da gewesenen – qualitativen Dimension dieser Angriffe auf den liberalen Rechtsstaat ist es aber zuletzt infolge des Verfassungsgerichtshof-Erkenntnisses zu den zweisprachigen Ortstafeln nach dem Volksgruppengesetz gekommen, nach dessen Verkündung die FPÖ und der Kärntner Landeshauptmann sofort mit ihren Attacken gegen den Verfassungsgerichtshof begannen. Dazu ist anzumerken, dass es in einem Rechtsstaat immer möglich sein muss, auch an höchstgerichtlichen Erkenntnissen Kritik zu üben, wenn man die Entscheidungen für falsch hält. Das ändert jedoch nichts daran, dass die Bundesverfassung dem Verfassungsgerichtshof die Kompetenz zuweist, in letzter Instanz über Verfassungswidrigkeiten Entscheidungen zu treffen – Entscheidungen, die verbindlich und umzusetzen sind, ob man sie nun teilt oder nicht. Dass ein Landeshauptmann im Zusammenhang mit einem Erkenntnis des Verfassungsgerichtshofes von einem „Faschingsscherz" spricht, es „null und nichtig" sei und von ihm definitiv nicht umgesetzt werde, ist ein in der Zweiten Republik einmaliger Vorgang, der – angesichts des Umstandes, dass es sich dabei um namhafte Vertreter einer Regierungspartei handelt – Anlass zur Sorge um die Unabhängigkeit und Integrität der verfassungsmäßig vorgesehenen Institutionen gebietet.

Gesamtänderung in „Salami-Taktik"

Diese – teils versuchten, teils realisierten – autoritären Eingriffe verdeutlichen einmal mehr, wie wichtig es ist, dass Verfassungsrecht und Grundrechte durch das zu ihrer Abänderung notwendige Beschlussquorum einer Zweidrittelmehrheit, über das die derzeitige Regierung bekanntermaßen nicht verfügt, geschützt sind. In diesem Zusammenhang sei darauf hingewiesen, dass auch bereits die letzte große Koalition von SPÖ und ÖVP eine bedenkliche Entwicklung hinsichtlich einer „Verfassungsreform" eingeleitet hat: Nachdem der Verfassungsgerichtshof des Öfteren Gesetzesbestimmungen, beispielsweise im Bereich Gewerberecht oder bei rückwirkenden Eingriffen im Sozialrecht, als verfassungswidrig erkannt und aufgehoben hatte, begann die damalige Regierung, gestützt auf ihre Zweidrittelmehrheit, im Parlament systematisch bestimmte Gesetzesvorhaben im Verfassungsrang zu beschließen, um sie auf diesem Wege der Kontrolle des Verfassungsgerichtshofes zu entziehen – ein höchst problematisches Vorgehen nicht nur, weil dadurch Verfassungsrecht zu einem willkürlich anmutenden Stückwerk von mitunter skurril anmutenden Verfassungsregelungen degradiert worden ist, sondern vor allem auch, weil es auf diese Weise zu einer steten Aushöhlung der „ursprünglichen" Bundesverfassung gekommen ist. Und so hat denn auch der Verfassungsgerichtshof bereits in seinem Tätigkeitsbericht für das Jahr 1993 ausdrücklich auf die Problematik von Verfassungsbestimmungen hingewiesen, die den erkennbaren Zweck verfolgen, gesetzliche Regelungen der Kontrolle des Verfassungsgerichtshofs zu entziehen. Zudem judiziert der Verfassungsgerichtshof seit 1988 ständig, dass eine Gesamtänderung der Bundesverfassung auch schrittweise herbeigeführt werden könne, und hat damit dem Bundesverfassungsgesetzgeber die Rute ins Fenster gestellt: Durch diese Vorgangsweise könnte einmal das Maß so weit überschritten werden, dass es zu einer – für den Fall einer Gesamtänderung der Bundesverfassung – obligatorischen Volksabstimmung kommen könnte.

Die „elastische" Verfassung

Anlässlich des 80jährigen Bestehens der Bundesverfassung im Jahr 2000 hat der erste Präsident des Nationalrates, Heinz Fischer, auf die hohe Qualität der Bundesverfassung hingewiesen: Österreich verfüge über eine demokratische Verfassung, die fest genug sei, um die politische Dynamik und die zentrifugalen Kräfte der Politik in geordneten Bahnen zu halten, zugleich aber auch elastisch genug, um den politischen und gesellschaftlichen Entwicklungen jenen Spielraum zu lassen, den eine Demokratie benötige. Wenn Fischer dabei auch grundsätzlich zuzustimmen ist, so ist es doch notwendig, gelegentlich diese von ihm angesprochenen „Elastizität" im Hinblick auf bestimmte geänderte Rahmenbedingungen einer Revision zu unterziehen und also die Frage zu stellen, in welche Richtung eine Weiterentwicklung der Bundesverfassung notwendig und sinnvoll sein könnte.

Im politischen System Österreichs spielen die „politischen Lager" eine – im internationalen Vergleich betrachtet – herausragende Rolle. Die politischen Trennlinien verlaufen in Österreich nicht zwischen den einzelnen Staatsorganen – also beispielsweise zwischen Regierung und Parlament (oder zwischen Nationalrat und Bundesrat als erste und zweite „Kammer") –, wie dies das B-VG im Jahre 1920 als grundsätzliche Systematik angenommen und entsprechend geregelt hatte. Vielmehr ist in der Praxis das tragende Unterscheidungsmerkmal jenes zwischen dem „Regierungsblock" auf der einen und dem „Oppositionsblock" auf der anderen Seite. Sowohl durch Koalitionsabkommen als auch durch die tatsächliche politische Praxis ist sichergestellt, dass die Regierungsparteien und die Klubs der Regierungsparteien im Parlament die Linie der Regierung unterstützen. Dies hat natürlich speziell für Kontrollrechte, die von einem Beschluss der Mehrheit abhängig sind, nachteilige Folgen: Diese werden von der Mehrheit eben nicht in Anspruch genommen – und das auch und gerade in gravierenden Fällen. Dementsprechend wäre eine Weiterentwicklung des Verfassungsrechtes in Richtung Ausbau der parlamentarischen Minderheitenrechte dringend geboten, insbesondere auch im Hinblick auf die Einsetzung von Untersuchungsausschüssen durch eine Minderheit des Nationalrates.

Mehr direkte Demokratie?

Ein weiterer Verfassungsbereich, dessen Weiterentwicklung jedenfalls ernsthaft zu diskutieren wäre, sind die Instrumentarien der direkten Demokratie. Zweifellos können ja direktdemokratische Instrumente ein Mittel gegen die Vernachlässigung neu anstehender, aktueller politischer und sozialer Fragestellungen durch das traditionelle repräsentativ-demokratische System sein: Sie ermöglichen Protest, Opposition und Innovation. Und so waren direktdemokratische Elemente im Sinne eines Systems von „checks and balances" immer auch als Gegengewichte zu Parlament und Parteien konzipiert.

Auf Bundesebene kennt das B-VG derzeit Volksbefragungen, Volksbegehren und Volksabstimmungen, wobei jedoch nur Letztere rechtlich bindend sind. In den Bundesländern gehen die Einrichtungen der direkten Demokratie teilweise aber bereits jetzt deutlich über die im Bund vorhandenen Instrumentarien hinaus: So ist etwa in Oberösterreich nach einem Volksbegehren, das eine bestimmte Erfolgshürde überschritten hat, zwingend eine Volksabstimmung durchzuführen, wenn der Landtag der in besagtem Volksbegehren erhobenen Forderung nicht im Wesentlichen nachkommt – wobei allerdings dieser Mechanismus bei bestimmten inhaltlich definierten Bereichen, beispielsweise in der Steuergesetzgebung, nicht greift. In einigen Bundesländern wieder findet eine „Bürgerbegutachtung" von Landesgesetzen statt – ein Verfahren, das an die Stelle des auch im Bund vorgesehenen Begutachtungsverfahrens tritt, jedoch auf einen definierten Kreis von Institutionen eingeschränkt ist.

Wie gesagt: Die Weiterentwicklung der direkten Demokratie ist notwendig und wichtig – dabei allerdings auch ein Unterfangen, bei dem mit Behutsamkeit vorgegangen werden muss. Denn Volksbegehren und Volksabstimmungen können auch als Instrumente im Kampf gegen das gesamte parlamentarische „System" eingesetzt werden: Direktdemokratische Instrumente können auch populistische Politikkonzepte und Tendenzen hin zu einer „Stimmungsdemokratie“ begünstigen, in der der Streit über Wahlprogramme und unterschiedliche politische Konzepte der Parteien durch emotional und medial aufgeheizte kurzfristige Stimmungsentscheidungen ersetzt wird. Und nicht selten versuchen selbst autoritäre, ja totalitäre Regimes, sich durch plebiszitäre Elemente eine Pseudolegitimation zu verschaffen.

Die Reform des Bundesstaates

Die Formierung der Republik Österreich als „Bundesstaat“ 1918/20 war das Ergebnis eines Kompromisses zwischen Sozialdemokraten und Christlich-Sozialen. Letztere waren vor allem in den Ländern verankert, und das Ziel der Vorgängerpartei der heutigen ÖVP ist es daher gewesen, über ihre Macht in den Ländern auch die Politik des Gesamtstaates zu beeinflussen. Dagegen war die Sozialdemokratie zentralistisch eingestellt und hegte die stete Befürchtung, dass die Entwicklung des Gesamtstaates von den mehrheitlich konservativen Bundesländern gebremst werden könnte. Ergebnis dieser gegenläufigen Interessen war die Ausgestaltung Österreichs als Bundesstaat, bei dem das Schwergewicht der Gesetzgebungszuständigkeiten beim Bund lag.

Die skizzierte Bipolarität der Ersten Republik ist in der Zweiten Republik durch die Zusammenarbeit der beiden großen politischen Parteien ersetzt worden. Da wesentliche politische Vorhaben ohnehin meist nur im Konsens der beiden großen politischen Lager zustande gekommen sind (selbst in der Zeit der SPÖ-Alleinregierung), haben die kompetenzrechtlichen Regelungen des B-VG keine relevante Schranke dargestellt. Zudem wurde durch Kompetenzbestimmungen außerhalb des B-VG jeweils ad hoc eine Zuständigkeit des Bundes geschaffen und die der Länder sukzessive weiter ausgehöhlt – wogegen erst in den sechziger Jahren eine Gegenbewegung eingesetzt hat, die den Ländern dann mit den B-VG Novellen von 1974 und 1984 eine gewisse zusätzliche Kompetenz einräumte.

Das bundesstaatliche Prinzip ist eines der wesentlichen Prinzipien der österreichischen Bundesverfassung, und an dieses Prinzip, das die Aufteilung der Kompetenzen für Gesetzgebung und Vollziehung zwischen Bund und Ländern vorsieht, ist grundsätzlich auch der Bundesverfassungsgesetzgeber gebunden. Daraus ergeben sich als typische Charakteristika der Bundesstaatlichkeit eine relativ autonome Landesgesetzgebung, eine – zumindest theoretische – Mitwirkung der Länder an der Gesetzgebung des Bundes durch den Bundesrat sowie eine relativ autonome Landesverwaltung. Die tatsächliche Zuordnung der einzelnen Kompetenzen an die Gebietskörperschaften Bund, Länder und Gemeinden entbehrt dabei aber nicht einer gewissen Skurrilität. Braucht Österreich tatsächlich neun unterschiedliche Bauordnungen? Ist die Erlassung von zehn verschiedenen Auskunftspflichtgesetzen sinnvoll (neun Landesgesetze und ein Bundesgesetz)? Ist in Österreich die regionale Differenzierung so groß, dass jeder Landtag nach ausführlicher Befassung des eigenen Legislativdienstes etwa das Tanzschulwesen eigenständig gesetzlich regeln muss? Inwiefern unterscheiden sich steirische Bienen so von Kärntner Bienen, dass es erforderlich ist, ein „steirisches Bienenzuchtgesetz" bzw. ein „Kärntner Bienengesetz" durch die entsprechenden Landtage zu erlassen? Auf der anderen Seite darf freilich nicht übersehen werden, dass die Landtage auch einen wesentlichen Teil der regionalen Identität darstellen. Und ebenso gibt es auch Materien, die sinnvollerweise nicht vom „Zentralstaat" zu regeln sind – umso mehr, als ohnehin viele zu regelnde Rechtsbereiche lediglich die Umsetzung europarechtlicher Vorgaben betreffen. Hier eine sachgerechte Lösung zu finden, die einerseits auf regionale Bedürfnisse eingeht, zugleich aber auch übergeordneten Interessen (z. B. der Schaffung eines bundeseinheitlichen Tierschutzgesetzes) Rechnung trägt, wird eine der großen Herausforderungen der nächsten Jahre sein, der sich die Diskussion um eine Verfassungsreform stellen wird müssen.

Schließlich wird auch zu diskutieren sein, wie und inwieweit Bundesverfassungsrecht in verfassungsrechtliche Regelungen auf Landesebene eingreifen soll. Vergleicht man etwa die demokratiepolitischen Standards in den einzelnen Bundesländern, so fallen zum Teil gravierende Unterschiede auf. Maßgebliche Änderungen erfolgen in der politischen Praxis vor allem deshalb nicht, weil durchwegs die gerade Regierenden daran – zugegebenermaßen – relativ wenig Interesse haben können. Interessant ist dies vor allem deshalb, weil es sich dabei meist nicht um „ideologische", sondern um reine Machtfragen handelt. So fordert beispielsweise in Kärnten die oppositionelle SPÖ die Schaffung eines proportionaleren Wahlrechtes (was von der dort regierenden FPÖ abgelehnt wird), während in Wien diese (hier unter anderem auch von der oppositionellen FPÖ erhobene) Forderung von den regierenden Sozialdemokraten unter Verweis auf die Vorzüge eines mehrheitsfördernden Wahlrechtes abgelehnt wird. Um dieser machtpolitischen Pattstellung in relevanten Demokratiefragen einen Ausweg zu weisen, sollte sich der Bundesverfassungsgesetzgeber über kurz oder lang überlegen, ob nicht den Bundesländern ein gewisses Maß an demokratischen Mindeststandards hinsichtlich Minderheitenrechten und Kontrollrechten, aber vor allem auch bezüglich des Wahlrechtes (erinnert sei etwa an die faktische Wahlhürde von rund 10 Prozent in Kärnten) vorgegeben werden sollte. So könnte sichergestellt sein, dass – auch wenn in den Bundesländern die unterschiedlichsten „Player" am Werk sind – zumindest in Demokratiefragen bundesweit die gleichen Spielregeln gelten.

Eva Kreisky

In schlechter Verfassung? Perspektiven einer österreichischen Verfassungsdebatte

Verfassung im sozialen und politischen Kontext

Verfassungsfragen sind nur in ihrer Wechselbeziehung zu den gesellschaftlichen Verhältnissen zu deuten. Überlegungen zu einer Demokratie- und Verfassungsreform bedürfen stets auch einer macht- und herrschaftskritischen Gesellschaftsanalyse.

Ein simples Beispiel möge diesen komplexen Zusammenhang verdeutlichen: Freiheit des Individuums ist niemals allein ein Problem technischer Ausgestaltung subjektiver Rechte, sie ist immer auch eine Frage faktischer materieller und sozialer Möglichkeiten. Überdies ist sie abhängig davon, wie der Bürgerstatus gedacht wird: Ist er – wie im nationalstaatlich determinierten Konzept der Staatsbürgerschaft – formal eng geführt oder versteht er sich – wie in der Idee „sozialer Bürgerschaft" angelegt – inhaltlich offener (Marshall 1949/1992).

Verfassung wird in diesem Beitrag nicht auf eine „politische Technologie" (Preuß 1990, 9) verkürzt, die es bloß zu verbessern oder zu verfeinern gilt. Auch die Hinwendung des Blicks auf Aspekte der Staats*form* ist unzureichend. Erst die Beachtung diskriminierender sozialer und ökonomischer Verhältnisse, die Empfindsamkeit für Verletzungen von Menschen- und Grundrechten, die Aufmerksamkeit für sich verengende zivilgesellschaftliche Handlungsräume, simultan aber auch ein nicht nachlassendes Ringen um zeitgemäße Erneuerung republikanischer Wertmaßstäbe und Handlungsmuster vermögen Verfassungsdebatten neuen *demokratischen* Sinn zu geben.

Zwei Aspekte des Fragens durchziehen daher die folgenden Ausführungen: Zunächst, gewissermaßen als Vorfrage, „in welcher Verfassung sich eine Republik [befindet]"; dann, „welche Verfassung sie hat" (Frankenberg 1997: 11) oder: welche Verfassung sie sich geben muss. Wir haben Verfassung – in ihrer doppelten Bedeutung – anzuerkennen als die dem Recht im technischen Sinne zugrundeliegende

Konstitution des Gesellschaftlichen wie als juristisches Grundgesetz, das schließlich alles Soziale steuert.

Menschen befinden sich in guter oder schlechter körperlicher wie psychischer *Verfassung*. Diese ursprüngliche Wortbedeutung wurde später auf das soziale Phänomen des „body politic“ übertragen: Konstitution wurde im 17. Jahrhundert zur Bezeichnung für die Grundverfassung des aufkommenden bürgerlichen Staates. Erst im 18. Jahrhundert wurde mit dem Begriff der Staatsverfassung das Beziehungsgeflecht politischer Entscheidungsinstanzen und ihr Verhältnis zu den unterworfenen BürgerInnen benannt (Preuß 1990, 13). Als sich im Verlaufe des 19. Jahrhunderts immer mehr europäische Staaten Verfassungen in Gesetzesform gaben, sollten die Aspekte faktischer und rechtlicher Verfasstheit politischer Ordnung auseinandertreten. Die rechtliche Seite des Verfassungsbegriffes gewann nun an eigenständiger Bedeutung, sie wurde zugleich auch zur normativen Latte, an der reale Verhältnisse sich zu messen hatten (Boldt 1996, 817).

In modernen Rechtsstaaten stellen sich Machtfragen deshalb als Verfassungsfragen, weil die Verfassungsfragen zuvor als Machtfragen gestellt worden waren (Preuß 1990, 8). Verfassung konstituiert politische Macht, aber nur gesellschaftliche Macht vermag überhaupt eine Verfassung zu schaffen und sie auch auf Dauer zu stellen (Arendt 1963, 191). Die am Gründungsakt Beteiligten, die sozial und politisch Mächtigen also, in der Folge aber auch die Gründungsmythen einer politischen Ordnung, spielen eine herausragende Rolle für das Wertekostüm, das eine Verfassung repräsentiert, aber auch für die soziale Akzeptanz und Geltung von Verfassung.

Spannend erscheint mir an der Verfassungsfrage weniger die Beschäftigung mit technischen Details des „Bauplans“ der Republik, der juristischen Mechanik demokratischer Ordnung, als vielmehr die elementaren Fragen, wie sich differente Bedürfnisse und Interessen von Menschen zu einem gerechten und demokratischen Kompromiss bündeln lassen, und wie individuelle Freiheit und Autonomie gestärkt werden können, ohne Egoismen und Entsolidarisierung zu entfachen.

Von Interesse ist aber auch die Frage, wie zivilgesellschaftliche Kräfte zu motivieren sind, das aufgelaufene Demokratieprojekt wieder in Gang zu bringen. Die nunmehr modisch werdende „low intensity democracy“, wie sie sich in einem neoliberalen Welttrend verordneter Anspruchslosigkeit und zunehmender Ausdünnung von

Demokratie breitmacht und dem nun auch die blau-schwarze Regierung Österreichs nacheifert – ein solches Downgrading von Demokratie ist unbedingt zu stoppen. Die Verschlechterung, die Aushöhlung von Demokratie ist freilich nur abzuwenden, wenn das republikanische Grundmotiv wieder aufgenommen und der demokratische Enthusiasmus belebt werden kann. Neue soziale und politische Phantasien sind anzufachen zu einer lebendigen zivilgesellschaftlichen Praxis des Widerstandes gegen zunehmenden Autoritarismus wie gegen „Anti-Politik", aber auch zur Gestaltung von Politik im Sinne gegenseitigen Respekts und eines „Zusammenhandelns" von Menschen. „Was den Institutionen und Gesetzen eines Landes Macht verleiht", schrieb Hannah Arendt, „ist die Unterstützung des Volkes, die wiederum nur die Fortsetzung jenes ursprünglichen Konsenses ist, welcher Institutionen und Gesetze ins Leben gerufen hat [...]. Alle politischen Institutionen sind Manifestationen von Macht; sie erstarren und verfallen, sobald die lebendige Macht des Volkes nicht mehr hinter ihnen steht und sie stützt" (Arendt 1970: 42).

Arendt dachte hierbei an „aktive", also sozial aufmerksame, politisch handelnde BürgerInnen. Sie hatte gewiss nicht jenes Zerrbild des „Volkes" im Blick, das dem Rechtspopulismus unserer Tage als Spielmaterial für menschenfeindliche Demagogie dient. Arendt hatte mit „Unterstützung des Volkes" wohl eher sozial verantwortliche Bürgerräson im Sinne, nicht aber blinde Staatsräson, wie sie vom blau-schwarzen Regime etwa im Slogan vom „nationalen Schulterschluss" anlässlich der EU-Sanktionen 2000 eingefordert wurde. Und „Macht des Volkes" meint anderes als blau-schwarze Machtspiele, die vorgeben, den Proporz der „alten Ordnung" zu Grabe zu tragen, um den Proporz als modifizierte Farbenlehre in Vorständen und Präsidien der Republik in noch dreisteren Ausmaßen wiedererstehen zu lassen.

Der *Zustand* der politischen Ordnung also ist ihre Verfassung: die sozioökonomische Struktur, die politischen Institutionen, die Regierungskonstellationen, die hegemonialen Ideologien, die soziale Lage und Politisierung der Bevölkerung u. a. m. Aus diesem (Gesamt-)Zustand ergeben sich schließlich jene Bedingungen, die Verfassung (als juristischen Text) generieren, die Modalitäten der Veränderung und Anpassung an neue Verhältnisse festlegen und dies auch geschehen lassen.

Die liberale Idee der Verfassung

Verfassungen fixieren die Grundregeln moderner Demokratien. Sie verstehen sich als „Selbstbindung", sind zugleich aber auch als „Nötigung" der Gesellschaft konstruiert (Preuß 1990, 77f.). Trotz aller Disziplinierungstendenz muten liberale Verfassungen ihren BürgerInnen jedoch ein hohes Maß an „Eigenhandeln" zu (Frankenberg 1997: 28). Die bürgerliche Verfassung stattet „sich ihrer selbst bewusst werdende" BürgerInnen mit Zusicherungen zur Ausweitung, aber auch realen *Gelegenheiten* zur Ausübung bürgerlicher Rechte und Freiheiten aus (ebd.: 15ff.). Dass dabei zugleich auch die *Form* des Staates, das strukturelle Spiel seiner Institutionen festgelegt wurde, schien zunächst noch nicht das vordringliche Problem klassisch-liberalen Verfassungsdenkens (Lietzmann 1993, 212).

In dieser unterschiedlichen Reichweite der Verfassungsintention liegt aber permanenter Stress begründet, eine dem Verfassungskonzept eigene Spannung zwischen programmatischen *Ansprüchen* und ihrer *Verwirklichung* im Alltag: „Unsere aus dem Geist des modernen Vernunftrechts entsprungenen Verfassungen haben [...] einen doppelten Boden [...], wie der radikale Geist der Verfassungsprinzipien immer auch hinausschießt über das, was in den Institutionen des Staates faktisch schon verkörpert ist [...]. Die Prinzipien der Verfassung weisen über das Ensemble der jeweils geltenden Gesetze hinaus." (Habermas 1987, 19f.) Verfassungen müssen also zur gleichen Zeit pragmatisch eng wie utopisch überschießend sein.

Hans Kelsen, der Schöpfer der österreichischen Bundesverfassung, hat eine Begründung des Rechts durch *moralische* Argumente prinzipiell missbilligt, etwa Demokratie als Realisierung allgemeiner Menschenrechte. Kelsen war an *sozialen* Voraussetzungen von Demokratie interessiert: Er forderte eine an demokratischer Regulationsweise interessierte Mehrheit der Bevölkerung ein (Hefler 2000, 75). Kämpfe um Verfassungspositionen sind stets soziale Kämpfe. Verfassungen sind – sofern sie nicht auf einseitigem Oktroi oder bloßer Täuschung beruhen – in ihrem inhaltlichen Kern soziale und politische Kompromisse, Sedimentierungen zurückliegender Konfliktkonstellationen, die auch wieder hinfällig werden können.

Der Staat existiert nicht an sich. Erst „aus der Konkurrenz und dem Kompromiss gesellschaftlicher Interessen" generiere sich ein „staatlicher Wille" (Kelsen, zit. n. Hefler 2000, 74). Artikulation, Organisation und Befriedigung von Interessen machen die Kernfunktion moderner Demokratie aus. Organisation und Verfolgung von Interessen müssen sich nicht rechtfertigen, wie dies Oppositionsparteien, Gewerkschaften oder zivilgesellschaftlichen Formationen von Seiten der Regierungsfraktionen in Österreich immer wieder abverlangt wird. Sehr viel mehr ist die „Unterdrückung" der Verfolgung von Interessen in der Demokratie rechtfertigungsbedürftig (Hefler 2000,74).

Dennoch enthalten Verfassungen (oftmals auch nur in Annexen) in Rechtsbegriffe übersetzte moralische Rechte der BürgerInnen („Grundrechte"). Verfassungen legen Staatsziele und Prinzipien des Rechts fest und leiten daraus konkrete organisatorische Regeln ab, „Betriebsanleitungen" des Staates (Frankenberg 1997, 18). Verfassung ist aber mehr als ein „Manual für technokratische Herrschaft" (ebd., 26), sie beinhaltet vor allem ein Autonomie- und Freiheitsversprechen. Demokratische Verfassungen muten, wie erwähnt, den Menschen „Eigenhandeln" zu, sie setzen „autonome und handlungsmächtige Individuen voraus, deren Zusammenhandeln etwas hervorbringt – ‚Gesellschaft', ‚Gemeinschaft' oder ‚Nation', politische Institutionen, die öffentliche Gewalt oder den ‚Staat'" (Frankenberg 1997, 27). Indem die juristische Grundnorm die soziale Kohäsion von Individuen organisiert, stiftet sie die Legitimationsbasis demokratischer Institutionen und Verfahren (ebd., 26). Der Zusammenhalt einer durch antagonistische Interessen geprägten Gesellschaft ist nur über Kompromissstrukturen, über laufenden Ausgleich von Interessengegensätzen zu erwirken und aufrechtzuerhalten.

Verfassungen sind verrechtlichte gesellschaftliche Verhältnisse, sie leiten aus konkreten historischen Erfahrungen möglichst universale Entscheidungsregeln für soziale, geschlechtliche, konfessionelle, ethnische oder sonstige politische Konflikte ab. Trotz der in ihnen enthaltenen sozialen Spannung, die mehr oder weniger virulent bleibt, demonstrieren Verfassungen aber zugleich *Einheit* in territorialer, ethnischer, konfessioneller, sozialer und geschlechtlicher Hinsicht (ebd., 25), sie schaffen letztlich das „Einheitsreglement für Recht und Politik" (Luhmann 1990, 183).

Verfassungskonsens kann augenblicklicher „Waffenstillstand" in sozialen wie politischen Auseinandersetzungen sein, er kann aber auch „verdeckte Kapitulation einer der Konfliktparteien" anzeigen (Frankenberg 1997, 26). Was auch immer in dieser rechtlichen wie institutionellen Konfiguration sozialer wie politischer Macht eingelassen sein mag, Verfassungen sind – trotz dauerhafter Festlegungsabsicht – als *offen* und *unbestimmt* zu begreifen. Der Kampf hört eben nie auf. Verfassungen stellen daher eine *temporäre Balance* zwischen sozialen bzw. politischen Kräften und gesellschaftlichen Interessen her.

Verfassungen formulieren „Daseinsprogramme" (Blumenberg 1983, 159), formulieren also, wie individuelle und soziale Existenzweisen sein, wie Entscheidungen getroffen, wie Konflikte geregelt werden sollen (Frankenberg 1997, 15). Verfassungen fungieren daher als „symbolische Schauplätze" (ebd., 19), auf denen vielfältige „ideologische Kontroversen" ausgetragen werden, in denen Einzelne wie Gruppen um gesellschaftliche Anerkennung ringen (Honneth 1993, 148; Frankenberg 1997, 19). Verfassungen sind aber auch rigide Instrumente sozialer und politischer Schließung (Frankenberg 1997, 16).

Die Verfassungsfrage erweist sich als prekäres Balanceproblem. Überdehnung eines Aspektes kann gravierende Verzerrungen bewirken: Überbetonung subjektiver Grundrechte kann überzogenen Individualismus und moralischen Rigorismus begünstigen; werden „objektive" Werte forciert, ja universalisiert, dann wird die Idee der Autonomie desavouiert und – statt dass individuelle Freiheit gelebt werden kann – werden Fundamentalismen gespeist; einseitige Aufmerksamkeit für Organisationsregeln, entkoppelt von materiellen Gerechtigkeits- oder Sozialvorstellungen, gibt wiederum Effektivitäts- und Stabilitätsaspekten ungebührlich viel Gewicht (ebd., 26).

Schließlich normieren Verfassungen ihre eigenen Geltungs-, Auslegungs- und Änderungsbedingungen, die verfahrensmäßigen Voraussetzungen bei Verfassungsänderungen; sie haben daher den Status von „Meta-Regeln" und rangieren demgemäß über einfachen Gesetzen und Verordnungen (ebd., 24f.). Moderne Verfassungen sind reflexiv, sie erschöpfen sich nicht im Gründungsakt, sondern realisieren sich in offenen Prozessen unaufhörlicher Begründung: „Justiziabilität" (Vorländer 1999, 20), Bestätigung bzw. Verwerfung durch das Instrument der Verfassungsgerichtsbarkeit, gilt als ihr besonderes Charakteristikum. „Die Bausteine moderner Verfassungen fügen sich folglich zusammen als Bedingungen der Möglichkeit einer permanenten Verfassungsrevolution – des nicht abgeschlossenen und niemals endgültig abzuschließenden Diskurses über die Legitimität von Herrschaft und die Konkretisierung des neuen Daseinsprogramms" (Frankenberg 1997, 25). Verfassung ist also keine tote Struktur, sondern ein lebender, wenn auch nicht immer lebendiger, sozialer und politischer Prozess.

Österreich in schlechter Verfassung?

Wenn KritikerInnen der österreichischen Regierungspolitik als „Verfassungsfeinde" oder „Staatsverräter" betrachtet, wenn politische Rechte, wie das Demonstrationsrecht oder Rechte gewerkschaftlicher Interessenvertretung, behindert und Geheim- und Nachrichtendienste auf oppositionelle Bewegungen oder Personen angesetzt werden, ist die „Dritte Republik" wohl kaum als „offene" Demokratie zu identifizieren. Jörg Haider hat in seinen Programmschriften diese „Offenheit" zwar immer wieder publizistisch zu Markte getragen, aber im selben Atem- und Schriftzug KritikerInnen aus Politik, Wissenschaft, Kultur und Medien frank und frei(heitlich) wissen lassen, dass sie nichts zu lachen haben werden in dieser „Dritten Republik".

Aktuell sind wir also mit politischen und ökonomischen Bedingungen konfrontiert, die dem eingangs geäußerten Interesse an weiterer Demokratisierung schroff entgegenstehen. Neoliberale Marktorthodoxie, Ent-(Sozial)Staatlichung, blindwütige Umverteilung von unten nach oben, Re-Maskulinisierung gesellschaftlicher Verhältnisse, „Re-Familialisierung" mittels patriarchaler, frauenfeindlicher Familienideologien, sich anti-partizipativ, ja autoritär anstellende Politik- und Regierungformen wie entdemokratisierende gesellschaftliche Tendenzen überhaupt, Aufrüstung in repressiven Staatsbranchen und Etablierung eines neuen „Sicherheitsregimes" – das sind unverkennbar Symptome einer demokratieregressiven Entwicklung, die alles andere, nur nicht soziale und demokratische Grundrechte, aktivbürgerliche Demokratie oder Demokratisierung der Arbeits- und Lebenswelten vorantreiben wird.

Autoritäre Verfassungstraditionen und kollektive Amnesie

Es war die 1929 „autoritär" modifizierte Verfassung der Ersten Republik, die 1945 „wiederverlautbart" wurde, um Österreich umgehend als (formal)demokratisches Regierungssystem westlichen Typs zu etablieren, aber auch um seine Rolle als „das erste Opfer" (Bundeskanzler Wolfgang Schüssel) des Nationalsozialismus zu bekunden. Galt es doch, den Alliierten und der Welt die „Okkupation" Österreichs zumindest im Anschluss – und eben nicht als einen „Anschluss“ – glaubhaft zu machen. Der Nationalsozialismus sollte als „von außen“ erzwungene Unterbrechung österreichischer Souveränität und Regierungstradition erscheinen.

Demokratieleidenschaft und republikanische Orientierung breiter Schichten der Bevölkerung haben in diesen Gründungsstunden der Zweiten Republik eine eher marginale Rolle gespielt. In den Köpfen vieler ÖsterreicherInnen spukte mehr das Bild von erlittener „Niederlage“ denn jenes vom demokratischen „Sieg“: Österreich wurde nicht befreit, sondern „besetzt“. Die „Befreiung“ Österreichs fand im kollektiven Gedächtnis erst mit dem Abzug der Alliierten, der „Besatzungsmächte“ eben, statt. Die Metapher der „Besetzung“ dominiert noch heute alltagspolitische Sprachgebräuche.

Der „Geist der Lagerstraße“ bot den Regierungseliten der späten vierziger und frühen fünfziger Jahre eine Ausflucht, um sich nicht mit der grauenvollen Geschichte sowie dem Grad und dem Charakter der eigenen Involviertheit in den Nationalsozialismus befassen zu müssen. Der Übergang zur Demokratie wurde nicht aufrichtig und ernsthaft erarbeitet, er wurde vielmehr pflichtgemäß – was in Österreich heißt: bürokratisch – erledigt und Verfassungsjuristen übertragen: Sie sollten mittels „leidenschaftsloser“ Rechtstechnik die politische Ordnung der Ersten Republik als Zweite Republik auferstehen lassen, das Recht „überleiten“, um die durch den Nationalsozialismus „gestörte“ Kontinuität plausibel und damit die österreichische Demokratie untadelig erscheinen zu lassen.

Versteinerung von Machtverhältnissen und Reformstau

Die österreichische Verfassung war auch in der Zweiten Republik kein für alle gleichermaßen „disponibles“ Gut. Die Partner der Großen Koalition bildeten nämlich nicht nur ein Regierungsbündnis, sie verfügten zugleich über die „Verfassungsmehrheit“. Kein Zufall ist es, wenn österreichische Verfassungsinterpretation grosso modo der so genannten Versteinerungstheorie folgt, die die Absicht des historischen Gesetzgebers höher veranschlagt als das Reagieren auf veränderte gesellschaftliche Verhältnisse. Die Bundesverfassung wurde aus dem politischen Alltagsstreit der Zweiten Republik mehr oder minder herausgenommen, ihre soziale und politische Konfliktkonfiguration eingefroren.

Nicht einmal offenkundigen sozialen und demokratischen Reformstau vermochte das schwerfällige Proporzsystem der Nachkriegsära zu beheben. Reformen wurden nicht gemacht, wenn sie gesellschaftlich überfällig waren, sie waren vielmehr nur dann zu machen, wenn sie mittels einfacher Gesetze, ohne Änderung der Verfassung oder von Verfassungsbestimmungen, zu realisieren waren. Die Verfassung war Stein in der Brandung gesellschaftlicher Wogen, sie war für andere als die großkoalitionären „Verfassungspartner" unverrückbar. In der Ersten Republik strittige Demokratieprobleme konnten auch in der Zweiten Republik keiner Lösung zugeführt werden (z. B. die Demokratisierung der Bezirkshauptmannschaften, demokratische Schulreformen, soziale Erweiterung des Grundrechtskataloges). Kein Wunder also, wenn Verfassung und Realverfassung immer mehr auseinanderklafften und selbst politische Baufehler der Verfassung weiter verschleppt wurden. Großkoalitionäre Verfassungsmacht wurde ins Spiel gebracht, wenn es galt, das Gerüst der „Konkordanzdemokratie" (Lehmbruch) nachzujustieren oder die Bereiche zwischen den Koalitionären von neuem auszubalancieren. Die großkoalitionäre Verfassungspartnerschaft geriet jedoch zunehmend in die Krise und büßte ihre Bargaining-Bedeutung ein.

Verfassungsdebatten ohne Öffentlichkeit

Verfassungsdebatten sind in Österreich zumeist als *ausschließende Expertendiskurse* organisiert, die jenseits des politischen Alltags der Bevölkerung und ohne besondere demokratische Öffentlichkeit stattfinden. Das vorgeblich anti-elitäre Extrem verfassungspolitischer Auseinandersetzung liegt in *rechtspopulistischen Kampagnen* gegen die Verfassung und ihre Hüter, in Angriffen etwa, wie sie zuletzt an den Attacken des Landeshauptmanns von Kärnten auf den Verfassungsgerichtshof sichtbar wurden, dem Jörg Haider „die Flügel stutzen" möchte, oder an der Verleumdung des Verfassungsgerichtshofpräsidenten, den Haider als „unwürdig", „unpatriotisch" und „lügenhaft" geschmäht hat. Zwischen abgeschotteten Expertendiskursen und rechtspopulistischer, anti-demokratischer Demagogie klafft in Österreich also ein auffälliges Vakuum: Denn für breite Verfassungsdebatten fehlt es an geeigneten Foren demokratischer Öffentlichkeit, und verfassungspolitische Ideen aus sozialen Bewegungen oder Bevölkerungsinitiativen kommen fast nie auf die relevante politische Agenda.

Viele Jahrzehnte existierte in Österreich, gehütet wie ein Arkanum, eine „Grundrechtskommission", die das bürgerliche Grundrechtsverständnis des 19. Jahrhunderts um soziale Grundrechte (seit den achtziger Jahren des 20. Jahrhunderts auch um Frauenrechte) erweitern sollte. Weil man sich schon anlässlich der Gründung der Ersten Republik über Art und Charakter sozialer Grundrechte nicht zu einigen vermochte, beließ man es bei der bürgerlich-liberalen Spielart von Grundrechten im Verfassungsanhang (also: Schutz des Privateigentums, bürgerliche Freiheiten u. Ä. m.). Weltwirtschaftskrise und Massenarbeitslosigkeit, Austrofaschismus und Nationalsozialismus beendeten abrupt und gewaltsam eine Debatte, ehe sie noch wirklich begonnen hatte. In den sechziger Jahren wurde das Reformvorhaben von Rechtsexperten und den Arbeitnehmervertretungen zwar neuerlich angestoßen, aber juristisch, bürokratieförmig und korporatistisch enggeführt. Mit der ökonomischen Rezession seit Mitte der siebziger Jahre wurde das Klima für soziale Grundrechte, insbesondere für ein Recht auf Arbeit, immer ungünstiger.

Verfassungsdebatten kannte die Zweite Republik eigentlich nicht. Streng genommen schwelt erst seit der Etablierung der Großen Koalition 1986, aber auch seit der Verstärkung politischer Opposition durch den Einzug der „Grünen" in parlamentarische Gremien eine Art von „Verfassungsdebatte". In dieser überkreuzten sich freilich extrem gegenläufige Motive, weshalb sie auch niemals als offene Debatte mit dem Ziel wirklicher Demokratiereform geführt wurde. Offenbar erfüllte sie andere, verdeckte Zwecke. So nützte sie der aufstrebenden Haider-FPÖ als „Trojanisches Pferd", um Ziel- und Wertsetzungen in die politische Arena der Zweiten Republik zu befördern, die der politischen und sozialen Ethik einer demokratischen Republik eigentlich zuwiderlaufen.

Wem gehörte die „Zweite Republik"?

Für jene, die sich nicht als durch den Demos kontrollierbare und abrufbare Repräsentanten oder „Geschäftsführer", sondern als selbstherrliche „Erbpächter" oder „Eigentümer" der Zweiten Republik empfanden, verstand es sich von selbst, diese Debatte höchstens köcheln, nicht jedoch hochkochen zu lassen, war sie doch mit der Gefahr von Machtverschiebungen oder gar von Machtverlust verbunden. Das Verfassungsverständnis der Großkoalitionäre macht vor der Idee Halt, dass Verfassungen sich zwar schriftlich fixieren, keineswegs aber gegen Veränderungen immunisieren lassen (Frankenberg 1997, 11), dass Verfassung lebt und einer „permanenten konstitutionellen Revolution“ (ebd.) unterliegt, die sich mitnichten auf Dauer blockieren lässt. Und eben weil sie die Tatsache „lebender“ Verfassung – wie die daraus sich ergebenden Erneuerungschancen – nicht kapiert haben, haben sie gerade jene abgewirtschaftete Verfassung der Verfassung zementiert, von der der Rechtspopulismus österreichischer Machart zu profitieren vermochte.

Wem gehört die „Dritte Republik“?

Jenen aber, die nun hofften, neue Macht zu erobern, an ihr großzügiger als bisher zu partizipieren, war es symbolische Politik wert, mit schrillen Schlagworten also, wie jenem von der „Dritten Republik“, das Diskursfeld um die Verfassung Österreichs zu besetzen. Haiders Wortfahne von der „Dritten Republik“ ist – selbst nach Lektüre seiner Bücher – nicht mehr als ein schnell hingeworfener Werbespot, der die Machteliten der Zweiten Republik schrecken, das Wahlvolk aber gegen sie aufscheuchen sollte. Die politischen und sozialen Gefahren dieser „Dritten Republik“ werden verdrängt. Was öffentlich zählt, ist der in der Parole zum Ausdruck gebrachte „Wille zur Veränderung“ (Pilz 2000, 10). Weil der Verfall dieser Zweiten Republik Verhältnisse geschaffen hat, die kaum noch jemandem erhaltenswert schienen, ist dem Schlachtruf Haiders zur Veränderung von vielen nachgegeben worden. Ansteigende Verluste sozialer Sicherheit haben synchron die traditionelle Loyalitätsbasis der Arbeitnehmerorganisationen demontiert. Selbst Angehörige des intellektuellen Diskursfeldes, Schriftsteller und Philosophen, nahmen Haiders Kampfruf auf. Teile des (Klein-)Bürgertums hatten insgeheim ohnehin schon längst auf Haiders autoritäre Umbaupläne gesetzt.

Die einschlägige Definitionsmacht fiel also der FPÖ zu, sie bestimmte fortan (und erfuhr darin auch mediale Verstärkung), wo Österreichs unkontrollierbare Machtzentren liegen, welche Demokratiedefizite die Republik aufweist, wer die Betrogenen sind usw.

Was im partikularistischen Machtinteresse der FPÖ lag, wurde plötzlich zu vermeintlich seriöser Republikkritik verallgemeinert.

Das Kennwort von der „Dritten Republik" ist also okkupiert: Jörg Haider hat es überaus öffentlichkeitswirksam belegt. Um ein Label für das eigene, das FPÖ-Regime zu finden, kokettierte er – zufällig? – mit der Bezeichnung des „Dritten Reichs", um sich vom Grundkonsens und den Werten der Zweiten Republik zu verabschieden. Das Wort von der „Dritten Republik" ist in Frankreich mit anderen Konnotationen verbunden als etwa in Österreich oder Deutschland. Genau diese Assoziationen wurden gesucht. Die Distanzierung der Haider-FPÖ von der Zweiten Republik fußt weniger im Interesse an Konzeptualisierung einer demokratischen Zukunft für Österreich als vielmehr im gezielten Blick „zurück", um autoritäre Politikmuster und radikal wirtschaftsliberale Wertvorstellungen in einem Verfassungsmuster, der „Dritten Republik" eben, griffig zu bündeln und Haiders Machtambitionen zugleich als der Demokratie förderlich erscheinen zu lassen. Immerhin erschien Haider über lange Zeit als „der Einzige", der seine Finger in „Wunden" der Zweiten Republik legt oder ihre Sklerotisierungen und Pervertierungen skandalisiert – zumindest hat er sich so inszeniert, und man hat ihm das auch abgenommen.

Republikkritik und Zivilgesellschaft

Ein Grundzug dieser abgewohnten Zweiten Republik war es aber auch, fundiertere Analysen oder wissenschaftlich vorgetragene Kritik an gesellschaftlichen und politischen Verhältnissen nicht ernst zu nehmen, sie nicht als Anstoß und Chance zu Politikkorrektur anzuerkennen. Solche Warnungen gab es seit den siebziger Jahren zuhauf, und sie waren zumeist auch von Reformüberlegungen flankiert.

Während der Periode sozialdemokratischer Alleinregierung war man zunächst auf kritische Expertisen angewiesen. Dieses heikle Band zwischen kritischer Sozialwissenschaft und sozialdemokratischer Politik riss jedoch mit den Ereignissen rund um das Atomkraftwerk Zwentendorf. Fortan verband sich kritische Wissenschaft eher mit sozialen Bewegungen und Projekten an der Basis: Jene also, denen aus gesellschaftlichen Demokratisierungsbedürfnissen an einer Verfassungsreform gelegen ist, sind zumeist Kräfte außerhalb einflussreicher Arkan-Politik, außerhalb der verengten Machtfelder der Republik und außerhalb der Definitionsmacht der Experten. Sie organisieren sich in sozialen Bewegungen, in NGOs, sie sind in politisch-intellektuellen Zusammenhängen verankert, sie versuchen zumeist an der Basis politischer Institutionen am Projekt sozialer Demokratie zu arbeiten, sie glaubwürdig zu praktizieren und zu leben. Es sind zudem Gruppen, die auch „randständigere" soziale Interessen aufgreifen. Schon der Bezug auf solche soziale Klientele diskreditiert reformpolitische Phantasien und schneidet demokratische Reformintentionen von realer Veränderungs- und Gestaltungsmacht ab. Diese bleibt den „Machern" vorbehalten.

Die Zweite Republik als Streiten um Demokratie

Streiten um Demokratie besteht niemals nur aus offenen Differenzen um die Merkmale einer Politik- und Staatsform, um förmliche politische Wertbekundungen, um das Ausmaß und die Art politischer Beteiligung. Diskurse um Demokratie äußern sich vor allem in sozialen Praktiken (vgl. Polizeipraktiken wie im „Fall" Omofuma, praktische Handhabung des Demonstrations- und Streikrechtes, alltagsrassistische und -sexistische „Normalitäten"). Genau genommen sind es daher viele kleine Episoden, die die diskursive Geschichte der Zweiten Republik bilden.

Demokratie ohne Begeisterung

Die unmittelbare Nachkriegszeit war in demokratischer Hinsicht ziemlich „leidenschaftslos", wie überhaupt republikanische Tugenden oder bürgerliche Courage nicht gerade österreichische Besonderheiten zu sein scheinen; es war eine „prosaische" Epoche von Demokratie, in der es vor allem darum zu gehen schien, Vergangenes wegzustecken und für die Zukunft irgendwie den Fuß auf den Boden der Realität zu bekommen. Die Phase ersten Wiederaufbaus rückte mehr die materiellen Seiten des (Über-)Lebens in den Fokus der Aufmerksamkeit. Überhaupt wurde „Stellvertreterpolitik", in Gestalt von „Parteien- und Verbändedemokratie", als gar nicht defizitär empfunden. Nach elf Jahren Diktatur erschien die Re-Etablierung der demokratischen Mechanik als Inkarnation von Demokratie schlechthin. In dieser Demokratieroutine vermochten sich korporatistische Strukturen und überaus enggeführte Mechanismen unauffällig, aber sozial- und wirtschaftspolitisch höchst ertragreich einzuspielen.

Neue Relevanz der Demokratiefrage

Als Effekt wachsender Wirtschaft und unverkennbarer Anzeichen breiteren Wohlstandes an der Wende von den fünfziger zu den sechziger Jahren sollte einer neuen politischen Generation die Demokratiefrage bedeutsamer werden. In Deutschland hatte Willy Brandt 1962 diese Stimmung in seinem Appell eingefangen, „mehr Demokratie wagen“ zu wollen. Die (in Österreich recht verhaltene) StudentInnenbewegung um 1968 war einerseits Folge dieser veränderten Einstellung, zugleich fungierte sie aber als weiterer Stimulus für Demokratisierung. Die Politisierung dieser Nach-Kriegs-Generation bedeutete, Verdrängung und Abwehr der Elterngeneration nicht länger hinzunehmen, zugleich aber die politischen Institutionen des postfaschistischen Österreich nicht als die Bestmöglichen aufzufassen und Demokratie auch im Sinne breiter „Alltagsdemokratie“ einzufordern.

Die Demokratieschwächen der „Zweiten Republik“

Über lange Zeit hatte Österreich als Prototyp eines erfolgreichen sozialpartnerschaftlichen Konfliktregelungsmodells gegolten. Infolge dieses korporatistischen Integrationsmusters entwickelten die traditionellen Großparteien einen Hang zu „Allerweltsparteien“, die für möglichst alle WählerInnen attraktiv sein wollten. Diese politische Rechnung ging nicht auf. Im Gegenteil: Immer mehr Menschen begannen, sich aus traditionellen Bindungs- und Versorgungsstrukturen auszuklinken (Gottweis 1997, 343f.). Soziale Zugehörigkeiten und lange tradierte Werte verloren an Bindungskraft. Gleichzeitig war es aber auch zu einer gleichmäßigeren Struktur der Lebensbedingungen gekommen: Massenkonsum, Einbindung in industrielle Lebenswelten und bürokratische Regelungsmuster schritten voran. Allerdings brachen damit auch neue soziale Widersprüche und neue politische Konfliktlinien auf (ebd.).

Das politische System Österreichs schien insgesamt relativ erstarrt: Proporz, Lagerdenken, Filz und Korruption prägten nicht nur das Erscheinungsbild, sondern blockierten wichtige Veränderungen und Erneuerungen. Kleine politische Gruppierungen hatten kaum Chance auf Integration in die institutionelle Welt der Politik, die Gestaltung des Wahlrechts stand entgegen. Dazu kam dann noch, dass sich die parlamentarische Politikschiene gegenüber sozialpartnerschaftlicher und bürokratischer Dominanz kaum durchsetzen konnte.

Merkmale eines „zwänglerischen" Anti-Pluralismus und einer tief einsitzenden Abneigung gegenüber Konflikten, in Gestalt beinahe pathologischer Konfliktvermeidung, ja auch repressiver Konfliktunterdrückung sowie eines übermäßigen Bedürfnisses nach Kontrolle, maximaler Einverleibung und extremer Zentralisation waren typische Momente politischen Agierens. Gerahmt wurde dies noch durch allzu freiwillige Anpassung an Autoritäten jeglicher Art. In dieser Tradition wurzelt selbstverständlich auch der besonders ausgeprägte Etatismus und Bürokratismus, was nicht nur, aber vor allem das politische Denken im sozialdemokratischen Kontext bestimmte.

Nachholende Reformen und neue Beweglichkeit

Die siebziger Jahre – eine Gemengelage aus kulturellen Folgen der StudentInnenbewegung und sozialen Effekten nachholender Gesellschaftsreformen unter sozialdemokratischer Patronanz – leiteten eine Wende in der Politik- und Demokratieentwicklung Österreichs ein: Zum einen brachten sie das Ende der „alten" politischen Ordnung, zum anderen bedeuteten sie den Beginn neuer sozialer und politischer Bewegungen. Die bis dahin als einzig möglich gehaltene Politikform, der alles einengende Würgegriff aus Proporz, Sozialpartnerschaft und Provinzialismus, war angesichts neuer politischer Beweglichkeit plötzlich nicht mehr unumstritten. Erstmals wurde in dieser Zweiten Republik vorstellbar, dass es auch Regierungsformen anderer Art geben könnte. Und erstmals war zu sehen, dass politisches Leben auch jenseits offizieller Politik zu bestehen vermag. Transformation des politischen Systems bedeutete zunächst noch nicht seine tief gehende Umgestaltung, sondern das Initiieren demokratiepolitischer Selbstverständlichkeiten.

Dem sozial-, bildungs-, frauen- und demokratiepolitischen Reformeifer der siebziger Jahre wurde die absichernde strukturelle und materielle Fundierung freilich vorenthalten. Die flankierenden ökonomischen und rechtlichen Reformen des Unterbaus waren unterdimensioniert oder blieben überhaupt aus. Die an Menschen und ihren sozialen Bedürfnissen ausgerichteten Versuche der Wirtschaftspolitik des „österreichischen Weges", der Austro-Keynesianismus, blieben in experimentellen und teilweise grobschlächtigen Ansätzen stecken, vor allem weil neoliberale, monetaristische Ideologien und Interessen massiv gegen sie anzukämpfen begannen.

Diese zunächst subkutane, dann aber hegemonial werdende Resistenz gegen soziale und politische Reformen nährte schließlich eine immer dominanter werdende Einstellung von Gleichgültigkeit sozialdemokratischer Technokraten, die bald schon auch offen mit neoliberalen Interessen und Ideen liebäugelten. Sie zeigten also immer weniger Sinn für die Probleme der Menschen und sie wurden bestärkt durch jene, die den ganzen sozialen und demokratischen Zauber von Anfang an nicht wollten.

Sozialdemokratischer Abgesang auf das Demokratiethema

Die frühen achtziger Jahre bedeuteten einen allmählichen Abgesang auf das Demokratiethema, jedenfalls was Strukturreformen, aber auch direktdemokratische Momente in der Politik anlangte. Und selbst in zivilgesellschaftlichen Sphären wurde Ermattung spürbar, soziale Bewegungen und Bevölkerungsinitiativen erlahmten, die Frauenbewegung büßte ihre Kraft als „Bewegung" ein und strudelte sich forthin in Frauenprojekten ab, die um materielle Ressourcen und um ihr Überleben zu ringen hatten.

Eine gewisse Ausnahme bildete die Grünbewegung, der es jedoch zunächst nicht gelang, ökologische, soziale und feministische Interessen auch politikwirksam zu bündeln. Immer wieder gab es Hegemoniekämpfe. Dieses schwierige Ringen um politische Synthese nicht nur pluraler, sondern auch recht eigenwilliger Bewegungen wurde medienöffentlich – mit Erfolg – als Bild von den „zerstrittenen Grünen" kolportiert. Selbst mit der Etablierung der „Grünen" als Partei war das Problem politischen „Zusammenhandelns" noch lange nicht gelöst. Zum einen erweist sich soziales Lernen als überaus konflikthafter Vorgang. Zum anderen aber trat das „Grün-Projekt" mit dem „paradoxen Anspruch" an, sich als „Anti-Parteien-Partei" (Rödel/ Frankenberg/ Dubiel 1989, 17) zu etablieren. Die Paradoxie bestand darin, dass „ein fundamentaler Veränderungswille zugleich die institutionellen Spielregeln zu seiner Durchsetzung akzeptiert" hatte (ebd., 18).

Vermutlich aber ist – abgesehen von Kampagnen im Kontext verschiedener direktdemokratischer Instrumente (von der Volksabstimmung um Zwentendorf bis zum Frauen-Volksbegehren) – die Bildung einer grünen parlamentarischen Opposition als der wichtigste – und wahrscheinlich auch letzte – demokratiestimulierende Schritt der achtziger und neunziger Jahre anzusehen. Das Grüne Projekt erwies sich schließlich auch als ein Modernisierungsfaktor des politischen Systems, brachte durch sein bewegtes Politik- und Parlamentsverständnis die Politikkultur Österreichs überhaupt erst an westliche Demokratiestandards heran.

Basisbewegungen und Demokratieerneuerung

Haiders FPÖ versucht – zu Unrecht, wie ich meine –, sich diesen Lorbeerkranz „demokratiebelebenden" Ruhmes zu binden. Tatsächlich aber waren es die unzähligen Bürgerinitiativen und Basisbewegungen im Lande, die in der Zweiten Republik die Demokratiefrage neu zu stellen vermochten.

Die Ereignisse rund um „Zwentendorf" signalisieren einen politischen Paradigmenwandel. Der Volksabstimmungserfolg hatte gesellschaftskritischen Bewegungspotenzialen – vor allem jüngerer Menschen und auch Frauen – Auftrieb gegeben. Immer mehr Menschen machten nun politische Erfahrungen außerhalb traditioneller Institutionen und formeller Kanäle. Breite gesellschaftliche und politische Lernprozesse waren in Gang gesetzt worden.

Die Tatsache, dass später auch alternative Bewegungen und kritische Intiativen den Weg durch die Kanäle des formellen politischen Systems suchen sollten, ist darauf zurückzuführen, dass sich das politisch-administrative System (einschließlich der etablierten Parteien wie der Sozialpartner) gegenüber den Anliegen bewegter Bevölkerungsgruppen tendenziell abschloss. Die Öffnung des politischen Systems musste also „erzwungen" werden: Ökologische Gruppierungen, Bürgerlisten usw. waren GrenzgängerInnen und wurden zu wichtigen

Transmissionsriemen: Sie fungierten als AnsprechpartnerInnen für Forderungen und Anliegen „von draußen“ und spielten zudem auch wichtige Informationen „nach draußen“. Durch ihr Agieren veränderten sie politische Strukturen, informelle Mechanismen und damit die politische Organisationskultur. Gleichzeitig wurde aber auf Grund neuer Politisierung auch die Beteiligung der Bevölkerung an Verwaltungsentscheidungen spürbar intensiviert. Darüber hinaus haben politische und soziale Bewegungen aber auch öffentliche Debatten und Diskurse verändert, indem sie eingegriffen und Probleme neu und anders thematisiert haben.

Der Widerstand gegen das „Modernisierungsprojekt“ Atomkraft markiert also das Ende sozialdemokratischer Reformpolitik, zugleich aber auch den Beginn neuer Reform- und Bewegungsparteien. Er zeitigte ansatzweise Machtverschiebung zwischen Staat und Bürgern, was auch Erstarken zivilgesellschaftlicher Momente bedeutet.

Rechte Gegenbewegungen

Begleitet wurde dieser Paradigmenwandel durch die – problematische „Modernisierung“ vorantreibende – Ankoppelung Österreichs an die Weltwirtschaft sowie eine damit einhergehende Erosion des Sozialstaates.

Damit erstarkten rechte Gegenbewegungen, die von einer demokratisierenden Entwicklung nicht nur wenig hielten, sondern sogar politische Themen forcierten, die das gerade Gegenteil bezweckten, nämlich ein Ende der Dominanz sozialer Bewegungen und die Hegemonie rechter Sozialstaats- und Demokratiedemagogie. Bereits 1986, mit der umstrittenen Kandidatur Kurt Waldheims als Bundespräsident und der Machtübernahme Jörg Haiders in der FPÖ, haben sich die Themen der österreichischen Demokratiedebatte plötzlich radikal verschoben. Nicht weitere Realisierung demokratischer (Verfassungs-)Ansprüche, weitergehende Demokratisierung, war länger Thema, vielmehr die Verteidigung bestehender Demokratie – so unvollkommen und unvollständig sie auch war – stand an. Angesagt war das Pochen auf ein elementares Demokratie- und Verfassungsbekenntnis, die unmissverständliche Distanzierung von Faschismen und Nationalsozialismus, die Abgrenzung zu Rassismen und Antisemitismus angesagt, das bewegte nun vor allem zivilgesellschaftliche

Akteure. Es war nicht immer leicht, diese defensive, Energien verschleißende Demokratieposition mit offensiveren, stärker gestaltenden Formen zu verknüpfen.

Mit zunehmender Arbeitslosigkeit, Verschärfung sozialer Lagen bei gleichzeitigen „Sparpaketen" der Großen Koalition, ihren ersten – zunächst noch moderaten – Gehversuchen in Sachen Neoliberalismus, hat aber die „soziale Frage" wieder an Unmittelbarkeit und Brisanz gewonnen, sodass sie – angesichts eines mehr oder minder sprachlosen Gewerkschaftsapparates – wieder zum zentralen Thema von Demokratie und neuen Handlungsformen gemacht werden musste. Sozialstaat wurde aber immer weniger aus den Zentren sozialstaatlicher Institutionen selbst, als vielmehr von „außerhalb" verteidigt, gerade von jenen, die zuvor noch durch Sozialstaats- und Sozialpartnerschaftskritik aufgefallen waren (vgl. Armutskonferenzen, Frauen- und Sozialstaatsvolksbegehren).

Transnationale Rahmenbedingungen

Nicht zuletzt der EU-Beitritt Österreichs 1995 macht einsichtig, dass eine nationalstaatszentrierte Analyse längst nicht mehr zureichend ist, um Erweiterungschancen von Demokratie zu erörtern. Vielmehr gilt es, die Analyse von Demokratisierungsbedingungen auf europäische oder globale Dimensionen hin auszudehnen: 1989 bedeutete in weltpolitischer Hinsicht eine Zäsur im Stellenwert von Demokratisierungspolitik, zumal das Wendejahr zwar Demokratiehoffnungen erfüllte, zugleich aber auch einer Ikonisierung westlicher Demokratieideale Vorschub leistete. „1989" wurde als welthistorischer Triumph westlicher Demokratie gefeiert, der Anbruch einer demokratischen Neuen Weltordnung – zweifellos unter der Hegemonie der USA – schien sich anzukündigen (Fukuyama 1992).

Allerdings wurde auch fühlbar, dass trotz gerade erfolgter „Demokratisierung" Demokratie wieder „zurückgefahren" wurde. Formale Demokratie sollte als hinreichend gelten („low intensity democracy"), zumal ja in einzelnen Dritt-Welt-, aber auch mittel- oder osteuropäischen Transitionsländern Demokratie als bloß formale Fassade (z. B. in Form periodischer Wahlen) existierte, hinter der politische und ökonomische Strukturen aus autoritären Vorzeiten ungeschoren zu überdauern vermochten. „Elitendemokratische" Politikmodelle verbinden sich mit militär- oder polizeistaatlichen Praktiken zu neo-autoritären Herrschaftsformen mit demokratischen „Äußerlichkeiten", breite politische Beteiligung der Bevölkerung und soziale Gerechtigkeit bleiben aus, Menschenrechtsverletzungen finden weiterhin statt, aber die politischen Eliten sind soweit legitimiert, dass sie mit den ökonomischen Eliten des Westens zu kooperieren vermögen. Das neoliberale Zwangssystem kapitalistischer Weltwirtschaft verstärkt ganz offensichtlich primär solche politischen und ökonomischen Bedingungen, die reale Demokratisierung politischer Verfahren und sozialer Lebenswelten vereiteln. Weil das westliche Demokratiemodell eine Präferenz für die kapitalistische Gesellschaftsordnung eingebaut hat, nützt die von ihm angestoßene „Demokratisierung" in erster Linie den Interessen des globalen Kapitals, auch wenn die (Re-)Etablierung von Demokratien zumeist auf zivilgesellschaftliche Bewegungen und Kämpfe zurückzuführen ist.

Jörg Haiders „Dritte Republik": das Umbau-Manual des blau-schwarzen Regimes?

Das Besondere am blau-schwarzen Regime ist, dass es ein rechts-rechtes Regierungsexperiment darstellt, in dem normale Bürgerlichkeit und katholischer Konservatismus sich mit rechtsradikaler Kleinbürgerlichkeit und rassistischer Pöbelhaftigkeit paart, um der Sozialdemokratie, den Gewerkschaften, sozialen Bewegungen und dem Sozialstaat politisch den Garaus zu machen. Die zunächst schleichende, dann manifester werdende Krise des politischen Systems Österreichs hat Voraussetzungen für die breite Akzeptanz einer politischen Wende geschaffen. Vieles von dem, was Jörg Haider seit Mitte der achtziger Jahre als Kernbestand einer „Dritten Republik" propagiert hat, bildet – zumindest implizit – das ideologische und politische Fundament aktueller Regierungspolitik. Anhand von Jörg Haiders Skizzen der „Dritten Republik" lassen sich demnach Ziele und Absichten auch des neuen politischen Regimes aufzeigen.

Haider (1993, 230) hat die österreichische Bundesverfassung als „zahnlos" und „zersplittert" karikiert. Dagegen hat er eine schärfere und zentriertere Verfassung phantasiert. Diese Absicht aber legte er nicht offen, sondern maskierte sie als Kritik an den Schwächen der Zweiten Republik: Die Verfassung wäre „durch ganz andere Strukturen ersetzt, die sich der demokratischen Legitimation völlig entzogen haben. ‚Sozialpartnerschaft', Kammern und Verbände, Landeshauptleutekonferenzen und Landesamtsdirektionskonferenzen gehören dazu". Sie würden „hinter verschlossenen Türen" Kompromisse „ausfeilschen", an die sich Minister wie Regierungsfraktionen sklavisch halten. Die „Diktatur des Apparats setzt faktisch die Verfassung außer Kraft" (ebd., 231). Was Haider 1993 noch aus der Oppositionsrolle anprangerte, macht, kaum eine Dekade später, selbstverständliche instrumentelle Routinen einer regierenden FPÖ aus.

Vornehmlich zwei „Feinde" hat Haider in den neunziger Jahren ins Visier seiner Polemik genommen: die Sozialdemokratie und die Gewerkschaften. Die einen sind nun zu bloßer Opposition „abgewählt", die anderen aber befinden sich via Sozialpartnerschaft noch in Ämtern und Funktionen. Sie gilt es nun, Schritt für Schritt, auszuhebeln, und zudem gilt es überhaupt die Rechte der Opposition zu kappen, der die Legitimität ihrer politischen Artikulationsformen abgesprochen wird.

Hinter Haiders Kritik an den Strukturschwächen der Zweiten Republik stand niemals *demokratisierende* Absicht. Vor allem sollte zwischen Spitzenfunktionäre und Mitgliederbasis ein spaltender Keil getrieben werden, um die politische Kraft von Sozialdemokratie oder Gewerkschaften zu demontieren. Dabei aber wird die demokratische Luft auch für andere Initiativen und Bewegungen zunehmend dünner. Insofern erledigt die „Dritte Republik" gewissenhaft die Hausaufgaben des Neoliberalismus.

Haiders Konzept von der „Dritten Republik" ist wenig elaboriert, er hat zu ihr lediglich ein „taktisches Verhältnis" (Schandl 1998/2001, 6). Des Öfteren hat Haider seine „Vision" einer „Änderung des Systems" (Haider 1993, 200) angedeutet, seine Idee einer „Dritten Republik", eine Synthese aus Nationalismus und Neoliberalismus, die eigentlich unter seiner Führung Wirklichkeit werden hätte sollen: „Wir Freiheitliche wollen eine neue Republik, der die bürokratischen und institutionellen Fesseln abgenommen werden, eine neue Republik, die sich vom dumpfen Proporzklima befreit, eine neue Republik, die die Grauzonen scheindemokratischer Macht- und Herrschaftsverhältnisse überwindet und aus den Ruinen eines zünftlerischen Ständestaates in eine offene Gesellschaft führt." (Haider 1992, 12) Und in seiner Programmschrift „Die Freiheit, die ich meine“ lässt er uns wissen: „Es geht um die Überwindung der freiheitsfeindlichen Elemente eines ständestaatlichen Systems und um die Entmachtung der herrschenden politischen Klasse durch Beseitigung ihrer Pfründen, Privilegien und demokratisch nicht legitimierten Machtinstrumente, die die Entstehung einer offenen Gesellschaft freier Bürger mit aufrechtem Gang verhindern sollen.“ (Haider 1993, 200)

Die Befreiung vom korporatistischen, sozialpartnerschaftlich vermittelten und bürokratisch-kalten Sozialstaat wie vom verbändegesteuerten, „geschwätzigen“ Parlamentarismus (das Parlament als „verlängerter Arm einer im luftleeren Raum agierenden Funktionärstruppe, die sich Sozialpartnerschaft nennt“, ebd., 231) – diese vermeintlichen „Befreiungs“-Akte, diese Deregulierung, Privatisierung und Verschlankung werden keine demokratische, sondern nur eine *marktgerechte* politische Ordnung entstehen lassen.

In der blau-schwarzen „Dritten Republik“ geht es vorrangig um die Umsetzung eines neoliberalen Gesellschafts- und Politikmodells. Ein „abgeschlankter“ Staat soll die Rahmenbedingungen der „fairen Marktwirtschaft“ (FPÖ-Programmentwurf 1997) sichern, mit Ausnahme des Rechtssystems und der Aufrechterhaltung innerer und äußerer Sicherheit steht der Staat daher zur Gänze zur Disposition. „Staatsreform heißt, von der verbreiteten Sozialstaatsillusion Abschied zu nehmen, die in Wahrheit zur Ausbeutung der Fleißigen, zur Schädigung der Begabten und zur Überforderung der Redlichen geführt hat.“ (Haider 1993, 237) Der „sozialen Frage“ wird seitens der FPÖ mit neuem Sozialdarwinismus, der Rede von den Leistungswilligen, Fleißigen und Tüchtigen im Verein mit Tiraden gegen Sozialschmarotzer und Arbeitsunwillige (Haider 1993, 202) sowie mit Rassismus, mit Losungen wie „Österreich zuerst“ und mit Hetze gegen „kriminelle Ausländer“ begegnet. Der „soziale“ Gestus der FPÖ ruht auch nicht auf einer prinzipiell antikapitalistischen Position. Ihre scheinbar kritische Position gegenüber Globalisierung und Europäisierung redet lediglich einem „nationalen“ oder „lokalen“ Kapitalismus, fast einer Art *„völkischem Turbokapitalismus“* (Seeßlen 2000, 5), das Wort. Auch ein solcher bedarf autoritärer Politikstrukturen, denn nur sie vermögen soziale Spaltungen unter Kontrolle zu halten. Und diese sozialen Spaltungen werden in Hinkunft gewaltig zunehmen.

Während der Weg dahin wie auch die konkreten Ziele und Verfahren der „Dritten Republik“ von Haider im Unklaren belassen wurden, hat er die Zweite Republik in einem fort herabgewürdigt. Haiders überzogene Angriffe gegen das „Diktat der Sozialpartnerschaft" (Haider 1992, 19), gegen das „Land maßloser Funktionäre mit mittelmäßiger Eignung" (Haider 1994, zit.n. Ptak/Schui 1998, 99), gegen das „System westlicher Mandarine", gegen den „Sumpf des Proporzstaates", gegen die „rot-schwarze Pfründenrepublik" (Haider 1993, 189f.) oder gegen das „letzte [...] realsozialistische [...] Land – außer Nordkorea und China" (ebd., 195) sollten den Machtkompromiss der Zweiten Republik treffen, diese Attacken sollten Stimmung zugunsten Veränderung machen.

Haider (1993) erzählt höchst selektiv „Geschichten aus der Zweiten Republik" – und seine Beispiele stimmen auch vielfach. Was aber im Einzelfall zutreffen mag, erweist sich im Gesamtkontext fast regelmäßig als falsch. Haider löst „Fälle" aus sozialen und politischen Zusammenhängen, verallgemeinert sie in unzulässiger Weise, spekuliert mit assoziativen Kurzschlüssen. Vom Beliebigen schließt er auf Grundsätzliches, vom Grundsätzlichen kehrt er zum Beliebigen zurück (Schandl 1998/2001, 3f.). Haider ist ein „Aufreger", er bedarf nicht konsistenter Begründung, er möchte zündeln, nicht erklären oder gar aufklären (ebd.). Was für ihn zählt, sind kurzfristige Effekte, die seine (wahren oder auch unwahren) Geschichten hervorzurufen vermögen, mittel- oder längerfristige Folgen interessieren ihn nicht. Demokratie ist für Haider vor allem ein „Markt menschlicher Stimmungen" (ebd.), Politik betreibt er als „Geschäft" suggestiver Simplifizierung komplexer Zusammenhänge.

Haider inszeniert seine Programmatik: Er braucht sie gar nicht selbst zu verfassen, er lässt andere sie durch ihre Assoziationen generieren. Im Grunde stellt die „Dritte Republik" als Programm einen Mix dar: Sie ist ein Mix aus spontaner, durchaus berechtigter Kritik an den Schwächen der Zweiten Republik oder den Machtexzessen einzelner Repräsentanten (die vielen Ärger machen und deren Skandalisierung daher mit breiter Zustimmung rechnen kann) und aus der Notwendigkeit einer Änderung jener Verfassungs- und Politikregeln, die den Marsch der Haider-FPÖ durch die Institutionen, ihren Weg zur unumschränkten Macht behindern könnten. Haider amalgamiert Elemente unterschiedlicher Provenienz zu einem vermeintlichen Programm, als „politischer Marodeur [...] stiehlt [er], was nutzbringend ist, von linkspopulistisch [...] bis nazistisch reicht die Palette" (ebd., 2).

In Anlehnung an Poppers „offene Gesellschaft“ propagiert Haider eine „offene Demokratie“, in der aber „Freiheit als Gebundenheit in der Verantwortung“ gelten solle. Nicht Wohlergehen oder Glück von Einzelnen oder sozialen Gruppen, die er als Losungen „pseudo-liberalen Denkens“ abtut, sondern das „Gemeinschaftsgefüge“ ist das zentrale Element von Haiders „Wertegerüst“: das Nationale als Grundrecht auf Heimat, die Anerkennung des Selbstbestimmungsrechts der Völker (in Europa) und eines gesamteuropäischen Minderheitenrechts, ein „Europa der Vaterländer“. Sein „Bekenntnis zur deutschen Volks- und Kulturgemeinschaft“ und sein neu zur Schau getragener „österreichischer Patriotismus“ gelten ihm nun als vereinbar (*Die Aula* 3/94, 21f.). Zudem hat er eine Führerdemokratie mit Führungseliten im Sinne, die zu „erkennen“ vermögen, „was das Volk in seinem Volksgeist immer schon wollte“ (Haider, in: *Die Aula* 1/94). „Jede Gemeinschaft braucht eine Führungselite“ (Haider 1993, 203). Die Grundsätze der FPÖ seien nur „in einer Politik der sozialen Volksgemeinschaft zu verwirklichen. Dabei ist auf das Bekenntnis zur Volksgemeinschaft besonderer Wert zu legen, die eine organische und ethische Gebundenheit des Menschen in verschiedenen Gemeinschaften, von der Familie bis zum Volk, zum Ausdruck bringt“ (ebd.).

Der österreichische Staat soll unabhängig und stark werden, weshalb es vor allem die repressiven Seiten des Staates zu schärfen und zu stärken gilt; Militär- und Sicherheitspolitik sind in der „Dritten Republik“ großzuschreiben. Nach außen sucht man den Schutz in einem funktionsfähigen und umfassenden militärischen Verteidigungssystem (NATO), die Neutralität gilt es, weil überkommen, abzulegen. Im Inneren soll das Innen- und das Verteidigungsressort fusioniert werden – wogegen die ÖVP sich in den Koalitionsverhandlungen offenbar versperrt hat. Der Staat soll aber auf seine „ureigenen“ Funktionen, Aufrechterhaltung von Ruhe und Ordnung, „innere Sicherheit“, rückgeführt werden. Der „Feind“ der „Dritten Republik“ wird nicht mehr außerhalb, sondern innerhalb der Staatsgrenzen vermutet. Feinde im Inneren sind KritikerInnen ebenso wie die „russische Mafia“, die ja angeblich bereits mitten in Österreich steht, oder MigrantInnen, die „parasitär“ unseren Wohlstand bedrohen. Gegen sie ist mit Rasterfahndung und Lauschangriff, durch das Militärbefugnisgesetz u. a. m. konzertiert vorzugehen. Die österreichische Demokratie wird zunehmend als Hochsicherheitszone gedacht und gebaut.

Aus Haiders disparaten, durchaus inkonsistenten Vorstößen lässt sich trotz allem ein relativ kohärentes Bild der „Dritten Republik“ erahnen. In der Tendenz läuft alles auf eine mehr oder minder autoritäre, restriktive, chauvinistische Republik, aber keinesfalls auf partizipatorische Demokratie hin:

- Längerfristig sollen die Rechte des „Theaters, das sich Parlament nennt“ (Karl-Heinz Grasser) – gemäß der Programme und Äußerungen der neunziger Jahre – de facto eingeschränkt werden, und die Zahl der Abgeordneten im Nationalrat und den Landtagen soll reduziert werden, um „einfacher“ zu Mehrheiten zu kommen. Auch die Einzugshürden für Kleinparteien sollen wieder erschwert werden.
- Haider peilt weitere Machtkonzentration an, wenn er die Ämter des Bundespräsidenten und des Bundeskanzlers zusammenlegen möchte. Diese Idee propagiert er schon lange in *unterschiedlich* opportunen Versionen. Zunächst schrieb er: „Der Bundespräsident soll Vorsitzender der Bundesregierung sein und die Außenvertretung der Republik besorgen.“ (Haider 1993, 235) Nach dem blau-schwarzen Regierungsantritt zu Beginn des Jahres 2000 ließ Haider freilich verlauten, dass „der Bundeskanzler [...] künftig die hauptsächlich repräsentativen Agenden des Staatsoberhaupts übernehmen [sollte]“. Auch Vizekanzlerin Susanne Riess-Passer betrachtet die „Abschaffung des Amtes des Bundespräsidenten“ als „Teil eines umfassenden Demokratiereformkonzepts der Freiheitlichen Partei Österreichs“ (http://www.fpoe.at/servlet/com.capcom.servlet.ShowBeitragServlet). Und mittlerweile vertreten selbst ÖVP-Funktionäre (z. B. Hirschmann) diese Position.
- Demokratie- und Staatsreform werden nach *Bedarf* angekündigt, vor allem wenn es gilt, sich durch strukturelle Umbauten Machtpositionen anzueignen (wie im Falle des ÖIAG-Aufsichtsrates, des ORF-Verwaltungsrates, des Hauptverbandes der Sozialversicherungsträger, der Entkernung der demokratischen Gruppen-Universität wie der Ausgliederung der medizinischen Fakultäten aus dem Universitätenverband) oder missliebige Personen (wie Klestil, Salmutter oder Adamovich) abzuschießen. All das firmiert unter dem Etikett „Demokratiereform“.

Neben der Inklusion der FPÖ in die Machtarrangements *verkleinert* die „Dritte Republik“ vor allem das Machtkartell. Das neu gefertigte Duopol der Macht preist sich demnach als Kosten sparend: Wenn aus zwei Positionen eine wird, ist es wohl einsichtig, dass dies – betriebswirtschaftlich gedacht – billiger sein muss. Ob dies auch demokratiepolitisch richtig überlegt ist, steht freilich auf einem anderen Blatt. Dass in verschiedenartigen Positionen demokratietypisch auch institutionelle Kontrollen eingebaut sind, so genannte „Counterveiling Powers" („checks and balances"), wird in der Debatte unterschlagen.

Plebiszitär erscheint Haiders „Dritte Republik" insofern, als Politik mittels Volksbefragungen gemacht werden soll. Das Scheindemokratische an diesem Vorschlag liegt auf der Hand, denn welche Fragen wie und wann an das Volk gerichtet werden, bleibt allein den Machthabern vorbehalten. Sie organisieren sich die Akklamation, die sie benötigen. Was sie jedoch nicht brauchen, sind aktive soziale Bewegungen oder zivilgesellschaftliche Netzwerke, die sich gar „ungefragt" zu Wort melden.

Haider möchte die Demokratie nicht abschaffen, sie soll sich vielmehr selbst erledigen. Er präsentiert sich nicht als ihr „Feind", sondern inszeniert sich als ihr „eifrigster Freund und Helfer". Haider ist „nicht der Umstürzer des Systems, er ist dessen Verwirklicher" (Schandl 1998/2001, 2). Dieses verharmlosende Selbstbild inszenierte Haider noch 1995: „Die Dritte Republik wird sich evolutionär aus der Zweiten Republik entwickeln, da man einfach sehen muss, dass die jetzigen Zustände im Lande gerade aus verfassungsrechtlicher Sicht nicht mehr verantwortbar sind. Die Oligarchie der etablierten Parteien hat längst abgewirtschaftet, und durch Einheitspartei, Einheitskammern, Einheitsmedien gibt es die Gefahr eines neuen Absolutismus in Österreich. So wie unsere politischen Vorfahren vor 150 Jahren gegen den Absolutismus Metternichs zu Felde gezogen sind, so müssen auch wir heute der roten Machtkonzentration die Stirn bieten." (Haider, in: *Junge Freiheit*, 20.10.1995)

Gegenwärtig tritt uns eine FPÖ mit „gespaltener" Zunge entgegen: Zum einen sind „staatsfrauische" politische Töne angesagt, die die Ballhausfähigkeit der FPÖ glaubhaft zu machen haben; zum anderen aber hat im fernen Kärnten der rüpelhafte, demagogische Politikstil Jörg Haiders, wie aus Zeiten der FPÖ-Opposition vertraut, ohne Abstriche überdauert. Wenn Jörg Haider die Realisierung der „Dritten Republik" in Wien zu langsam voranschreitet, meldet er sich polternd zu Wort. Wenn der bestehende „Verfassungsbogen" Haiders Projekt der „Dritten Republik" hinderlich ist, schreckt er auch nicht vor Bruch der Verfassung zurück.

Was Jörg Haider und sein „Think"-Tank in den neunziger Jahren entworfen hatten, vermochte also im Februar 2000 ein Regierungsbündnis zu schweißen, das sich zusammenfand auf der Grundlage gemeinsamer ideologischer Feindpositionen: Vor allem Anti-Sozialismus gepaart mit Anti-Etatismus und Anti-Demokratismus, eine Anti-Neutralitätslinie oder auch ein Anti-Feminismus in Gestalt von Familialismus bringen trotz vieler disparater Ideologiemomente (vor allem in puncto Europäisierung und Globalisierung) eine politische Kohäsionskraft zuwege, die über eine bloß momentane Regierungsmehrheit hinausweist.

Was in öffentlichen Debatten als Routine-Antritt einer – nunmehr halt – blau-schwarzen Regierung, als einer Regierung wie andere auch, als „demokratische Normalität" verharmlost wird, markiert offen die vergleichsweise späte paradigmatische Wende österreichischer Politik zu einem neoliberalen Regime. Was seit 1986 unter rot-schwarzen Vorzeichen im Kontext von „Globalisierung" (Standortkonkurrenz) und „Europäisierung" („Schengenland", Erfüllung der Maastricht-Kriterien) noch „moderat" als „Anpassung" an das neue politisch-ökonomische Umfeld begonnen worden war (Ptak/Schui 1998, 101), wird nun mit vollem „Speed" und ohne soziale Rücksichten durchgezogen. Peter Pilz deutet diese „neoliberale Wende" als Versuch der Bundesregierung, „mit österreichischer Verspätung auf falschen Kurs zu gehen" (Pilz 2001, 65).

Die blau-schwarze Regierung ist (oder soll sein), was Jörg Haider in seiner diffusen Blaupause zur „Dritten Republik" phantasiert hat. Implizit ist es aber ohnehin das, was so manche Kreise der ÖVP schon lange wollten, aber nicht so kompakt auf den politischen Markt zu bringen vermochten und das in einem bürgerlichen Alleingang auch nicht schafften. Die „fehlenden Prozente" vermochte erst der rabiate Rechtspopulismus der FPÖ zu beschaffen. Neokonservatismus und Rechtspopulismus greifen komplementär ineinander, über weite Strecken werden sie von einmütigem Wertekonsens getragen; wo aber Dissens aufzubrechen droht, geht die angeblich so traute Allianz nahtlos in eine arbeitsteilige Doppelstruktur über, die letztlich doch wieder beiden zu nützen vermag. ÖVP und FPÖ bedienen und verraten unterschiedliche WählerInnensegmente. Dazu kommt noch, dass weder ÖVP noch FPÖ homogene politische Parteien darstellen; ihre internen Zerklüftungen und Widersprüche, aber auch die Differenzen zwischen ihnen selbst schaden ihnen dabei mitnichten, sie werden vielmehr geschickt im Geiste einheitlicher „Firmenphilosophie“ in das neoliberale Projekt Österreich investiert. Die Regierungsverbindung kam auch durchaus gelegen: Rechtspopulistische Bodenhaftung, sprich: vermeintliche „Volksnähe“, ist genau das, was der extrem asoziale „Europa- und Globalexpress“ des Neoliberalismus für seine gesellschaftlichen Neukonfigurationen jenseits sozialstaatlicher Abfederung und rechtsstaatlicher Konflikt- und Entscheidungsregelung benötigt.

Verfassung als offener Prozess: Eckpunkte einer Verfassungsdebatte für Österreich

Wir stehen nun vor der Aufgabe, einerseits gegen rechts verfassungsloyal, als „Verfassungspatrioten“ (Habermas) gewissermaßen, aufzutreten, herkömmliche Politikmuster institutionalisierter Interessenvertretung und sozialen Ausgleichs zu verteidigen und gegen Tendenzen der Machtkonzentration und „Verschlankung“ von Demokratie aufzutreten; schließlich ist nicht alles am Modell der Zweiten Republik zu verwerfen. Andererseits aber gilt es, Konzepte zur Behebung intolerabler Demokratiedefizite zu entwerfen, gilt es, das Demokratieprojekt wieder in Gang zu bringen. Verfassung als „offener“ Prozess heißt also, das Bewahrenswerte der Verfassung zu erkennen, zugleich aber auch Reformnotwendigkeiten festzustellen und Erneuerungen anzugehen. Freilich ist zu beobachten, dass das Verteidigen und Verhindern so viel Kraft und Energie kostet, dass das Gestalten und Verändern dabei zu kurz kommen könnte.

Nicht übersehen dürfen wir auch, dass Verfassung zwar wichtig ist für demokratische Verhältnisse, dass ihr dabei aber keine „Zaubermacht“ zukommt: Sie kann Demokratie nicht herstellen, sie kann nur institutionelle Bedingungen begünstigen, die tendenzielle Selbstregierung der Menschen ermöglichen. Entscheidender scheint mir die „Realverfassung“ gelebter Demokratie. Wir sollten uns daher nicht in verwinkelten Verfassungsdebatten verlaufen, sie aber dennoch wachsam im Auge behalten; vor allem aber demokratische Projekte und zivilgesellschaftliche Netzwerke mit neuem Leben erfüllen, ein breites Verfassungsbewusstsein schaffen, das den demokratischen

Gang der Dinge befördert. Die Erosion des Nationalstaatlichen, das Zurückdrängen des Politischen bei zugleich neuer Hegemonie des Ökonomischen verschiebt ohnehin alle bisher vertrauten Koordinaten einer Verfassungsdebatte.

Abschließend möchte ich Eckpunkte des Nach- und Weiterdenkens zumindest andeuten:

- Verfassungsreform kann nur *Demokratiereform* meinen – die Idee von Demokratie als Selbstregierung Schritt für Schritt umzusetzen. Demokratiereform heißt aber vor allem *sozialorientierte* und *geschlechtersensible* Gesellschaftsreform. Soll Demokratie nicht zu einer Vokabel politischer Mystik oder zu einer Wortfahne der Täuschung verkommen, muss das Gefüge politischer Demokratie mit sozialen Inhalten und gleichstellenden Maßnahmen aufgefüllt, muss es mit konsequenten sozialen und geschlechtergerechten Reformprojekten verknüpft werden. Formale Demokratie ohne tief greifende Sozial- und Geschlechterreformen lässt ökonomische Ungleichheiten zunehmen anstatt sie abzubauen, und intensiviert noch die Strukturen ungleicher gesellschaftlicher Machtverteilung.
- Kernthema einer demokratischen Verfassung ist das Recht auf Freiheit aller Menschen. Daher bildet die geschlechtergerechte Ausgestaltung der Menschen-, Grund- und Bürgerrechte den zentralen Bereich jeder Verfassung. In aller Regel werden Sozialbindungen aber nicht als Ausdruck von Freiheit, sondern als Freiheitsbeschränkungen gesehen (Preuß 1990, 78). Da Freiheit völlig „entmoralisiert" scheint, gilt es, die *moralische* Dimension von Freiheit wiederzugewinnen und ihre sozialethischen Grenzen zu bestimmen. „Moralisch reflexiver" Konstitutionalismus ist also gefragt (ebd.).
- Die österreichische Demokratie beruhte bislang wesentlich auf dem repräsentativen Prinzip und der Mehrheitsregel im Prozess politischer Entscheidungs- und Willensbildung, erweitert um einige spezielle plebiszitäre Verfahren. Im Zuge der historischen Entstehung der Bundesverfassung wurden Parlament und Parteien als vorrangige Träger dieser Demokratie angenommen. Demokratiereform bedeutet aber zu akzeptieren, dass der Wille zur Selbstregierung sich längst nicht mehr mit den Kanälen der Parteiendemokratie und der Arena des Parlaments bescheidet. Auch wenn die parlamentarischen Rechte, insbesonders die Kontroll- und Inter-

ventionsrechte der Opposition, deutlich zu stärken sind, wären vor allem *Bürgerrechte* völlig neu zu denken, sowohl was individuelle Bürgerrechte anlangt (Schutzrechte, Auskunftsrechte, soziale Grundrechte, Rechte auf öffentliche Dienstleistungen u. a. m.) wie auch Rechte „zusammenhandelnder" BürgerInnen (Recht auf Widerspruch und Widerstand, Recht auf Meinungsfreiheit, auf Versammlungsfreiheit, Recht auf öffentliche Förderung politischer Initiativen und Projekte u. a. m.).

• Demokratische Verfassung zieht Machtgrenzen, sie positioniert sich gegen Machtüberschuss. Das Prinzip der „Counterveiling Powers" ist nicht nur als formales Prinzip der Gewaltenteilung zu verstehen, sondern auch als eines von sozialer Macht und Gegenmacht. Demokratische Verfassung strebt nach Einheitlichkeit und sozialer Kohäsion, was auch Maßnahmen *gegen Machtlosigkeit* erfordert. Sie muss durchaus, auch wenn es paradox klingen mag, *Macht steigern*, freilich ohne „die freiheitsgefährdenden Risiken der Macht" (Preuß 1990, 76). Macht lässt sich nämlich auch durch sorgfältig verteilte Machtsteigerung begrenzen. Gegen die Machtlosigkeit von BürgerInnen und Basisinitiativen anzukämpfen, wäre ein höchst demokratischer Weg zur Machtbegrenzung. Es wird immer weniger einen zentralen Ort, es wird *zahllose Orte des Politischen* geben. Dieser Veränderung wäre auch in Verfassungskonzeptionen Rechnung zu tragen.

• Die bisher angesprochenen Leitlinien folgen im Großen und Ganzen – trotz ihrer Intention, das Demokratie- und Verfassungsprojekt zu radikalisieren – konventionellem liberalen und sozialen Verfassungsdenken. Wir haben freilich anzuerkennen, dass zukünftige Gesellschaftsentwicklung zunehmend durch solche Antagonismen und Konflikte geprägt sein wird, die weder mit liberalen Prämissen demokratischer Verfassungen („Schutz des Individuums vor dem Staat") noch mit Kriterien sozial bestimmten Verfassungsverständnisses („Schutz des Individuums durch den Staat") zu bewältigen sein werden. Das Verhältnis der Menschen zur Natur, zu technischen und ökonomischen Risken, zur strukturellen Gewalt in den Prozessen der Europäisierung und Globalisierung, das Verhältnis zwischen gegenwärtigen und zukünftigen Generationen, die Beziehungen zwischen Ethnien, aber auch jene zwischen den Geschlechtern lassen sich allein mit den Möglichkeiten und Mitteln des „national" entworfenen, rechtlich verengten und sozial ungenügend erweiterten Verfassungsstaates wohl nicht lösen (Preuß 1990,79). Da diese Probleme aber entschieden werden müssen, gilt es, *neue institutionelle Arrangements zu „erfinden"*, *neue Artikulations- und Handlungsformen* zu schaffen und *neue Modelle der Zurechenbarkeit von Verantwortung* zu entwickeln (ebd., 86). Es kann aber auch nicht mehr genügen, zivilgesellschaftliche Mentalitäten in eine österreichische Verfassungsdebatte einzuspeisen, vielmehr erweist sich die *Inter- und Transnationalisierung* zivilgesellschaftlicher Initiativen und Netzwerke als unabdingbar.

Alexander Pollak

Diskursräume
Medien, Macht, Sprache – Politisierung und Entpolitisierung in Österreich

Ausgangspunkt der vorliegenden Überlegungen ist die grundlegende Frage, woran sich das Politische, woran sich genutzte und ungenutzte *politische Spielräume* in unserer Gesellschaft festmachen lassen. Wie kann das politische Moment einer Gesellschaft nachvollzogen und beschrieben werden? Welche Perspektiven lassen sich in diesem Zusammenhang auf Fragen des politischen Diskurses entwickeln? Welche Rolle spielen Medien, politische Institutionen oder eine Verfassung bei der Ausgestaltung von politischen Diskurs- und Handlungsräumen?

Ich möchte diese Fragen im Spannungsfeld zweier Begriffe beleuchten, die uns allen auf die eine oder andere Weise geläufig sind, die aber trotzdem einer näheren Erläuterung bedürfen. Die beiden Begriffe, die uns in der Folge begleiten sollen, lauten „Politisierung" und „Entpolitisierung".

Im Alltagsgebrauch steht der Begriff „Politisieren" hauptsächlich für zwei Bedeutungen: einerseits für das Diskutieren über politische Themen/Fragen und andererseits für das Wecken von Interesse an Politik bzw. von politischem Bewusstsein (Gegenbegriff: „Politikverdrossenheit"). Beispielsweise wurde im Zuge der so genannten „politischen Wende" in Österreich oft von einer „Repolitisierung", von einem Erstarken einer politisch denkenden und sich politisch involvierenden „Zivilgesellschaft" gesprochen (mehr dazu später). Der Begriff der „Entpolitisierung" steht im Alltagsgebrauch meist entweder für den Bedeutungsverlust des Politischen, d. h. für Tendenzen in Richtung sinkendem politischen Bewusstsein, oder, wie es insbesondere in letzter Zeit – etwa im Zusammenhang mit der Restrukturierung des ORF und den Umstrukturierungen in diversen Vorständen staatsnaher Unternehmen – der Fall gewesen ist, für den Rückzug der Parteipolitik aus bestimmten gesellschaftlichen Bereichen.

Die Definition von „Politisierung" und „Entpolitisierung", die ich hier verwenden möchte, beruht auf der Arbeit eines Kollegen, Peter

Muntigl,[1] und weist etwas andere Bedeutungskonturen als die oben erwähnten Alltagsgebrauchsweisen auf: Ich definiere „Politisierung" als das Öffnen bzw. Herstellen von politischen Diskurs- und Handlungsräumen, von Orten der Aktion und der Auseinandersetzung. Dementsprechend definiere ich „Entpolitisierung" als das Schließen bzw. Eliminieren von politischen Diskurs- und Handlungsräumen. *„Politisieren"* heißt in diesem Bedeutungszusammenhang auch immer, dass (politische) Dilemmata produziert werden, dass mehrere konkurrierende Entscheidungsmöglichkeiten und Perspektiven geöffnet werden. Von wesentlicher Bedeutung ist hierbei auch der Begriff der Differenz bzw. des Dissenses: Wo es Dissens gibt, wo Differenzen vorhanden sind und betont werden, kommt es zu gesellschaftlichen Auseinandersetzungen, werden Diskursräume geöffnet, kommt es zur Konfrontation unterschiedlicher Meinungen, Ansichten und Interessen. Genau umgekehrt ist es beim *„Entpolitisieren"*, das – wie bereits erwähnt – das Schließen von Diskurs- und Handlungsräumen impliziert und eng mit dem Begriff des Konsens verbunden ist. Die Herstellung von Konsens bedeutet, dass Differenzen eliminiert, damit (weitere) Auseinandersetzungen und Aushandlungsprozesse eingeengt bzw. unnötig gemacht und Diskursräume somit geschlossen werden. Zu unterscheiden ist hierbei zwischen einer Konsenssituation, die tatsächlich durch das Nichtvorhandensein von Differenz gekennzeichnet ist, und einem, wie ich es nenne, autoritären Konsens, der auf der Unterdrückung bzw. Marginalisierung von Differenz beruht und bei dem der Zustand der Entpolitisierung nicht auf einem konsensualen Bewusstsein, sondern auf Anpassung und Unterordnung beruht.

So weit zur Definition und Bestimmung der zentralen Begriffe. In der Folge gliedern ich meinen Beitrag in drei Teile: Zuerst möchte ich mich damit auseinandersetzen, dass „Politisierung", das Schaffen von Diskurs- und Handlungsräumen, nicht unbedingt etwas Erstrebenswertes sein muss, sondern durchaus problematisch sein kann. Anschließend möchte ich das komplexe Beziehungsgeflecht von „Politisierung" und „Entpolitisierung" anhand von Beispielen aus der öster-

[1] Peter Muntigl, „Creating and effacing differences in speeches on unemployment", In: Srikant Sarangi and John Wilson (ed.), 1999, Text, Berlin-New York: Mouton de Gruyter. Die Arbeit von Peter Muntigl ist – wie dieser Beitrag – im Rahmen des Forschungsschwerpunkts ŃDiskurs, Politik, Identität" der Österreichischen Akademie der Wissenschaften (geleitet von Univ. Prof. Ruth Wodak) entstanden.

reichischen Politik näher beleuchten. Zu guter Letzt möchte ich mich damit auseinandersetzen, warum das Phänomen Politisierung bzw. Entpolitisierung gerade in Österreich und gerade heute ein so Spannendes ist, und hierbei vor allem auch auf Fragen in Bezug auf die Rolle der Medien sowie der möglichen Funktionen einer Verfassung eingehen.

Doch vor all dem erläutere ich die zuvor von mir in den Raum gestellten Begriffsdefinitionen anhand eines kurzen Beispiels. Schauen wir uns an, wie sich das Öffnen und Schließen von Diskurs- und Handlungsräumen auf einer Mikroebene, nämlich innerhalb einer Äußerung, abspielt. Nehmen wir als Beispiel den Satz *„Wir müssen endlich etwas gegen den Treibhauseffekt tun"*. Der Satz beinhaltet zwei implizite Aussagen und eine explizite Aufforderung.

Die beiden impliziten Aussagen sind:

(1) Es gibt den Treibhauseffekt

(2) Es wurde bisher nichts gegen den Treibhauseffekt getan.

Die explizite Aufforderung lautet:

(3) Wir müssen (jetzt) endlich etwas dagegen tun.

Die impliziten Aussagebestandteile des Satzes können zugleich auch als die entpolitisierten Komponenten dieses Satzes gesehen werden. Das heißt, der Satz lässt keinen Diskussionsraum darüber offen, ob ein Treibhauseffekt existiert und ob bisher dagegen etwas unternommen wurde, sondern er hält fest: Es gibt den Treibhauseffekt und es wurde bisher nichts unternommen. Die explizite Aufforderung hingegen enthält eine politisierende Komponente: Mit ihr wird sowohl ein Diskussionsraum (Was kann man gegen den Treibhauseffekt tun?) als auch ein Handlungsraum geöffnet. Ihr politisierendes Moment gewinnt die explizite Aufforderung aus ihrer Differenz zu den beiden impliziten Aussagebestandteilen des Satzes, aus der Differenz zwischen dem behaupteten Jetztzustand und dem angestrebten Neuzustand.

Eine Skizze soll dies veranschaulichen:

So weit, so gut. Man kann das Ganze aber noch eine Stufe komplizierter machen und sagen, dass auch die Aufforderung *„Wir müssen (jetzt) endlich etwas dagegen tun“* nicht nur – wie gerade beschrieben – ein politisierendes Moment enthält, sondern zugleich auch ein entpolitisierendes Potenzial. Dieses entpolitisierende Potenzial kommt dann zum Tragen, wenn die Aufforderung „etwas gegen den Treibhauseffekt tun“ den Status eines anerkannten Handlungsparadigmas gewinnt und damit zum neuen konsensualisierten Jetztzustand wird. In diesem Fall käme es durch den Paradigmenwechsel zu einer Eliminierung von Differenz (nämlich der Eliminierung des alten Jetztzustandes) und damit – zumindest solange keine neue Differenzsetzung erfolgt – zu einer Entpolitisierung.

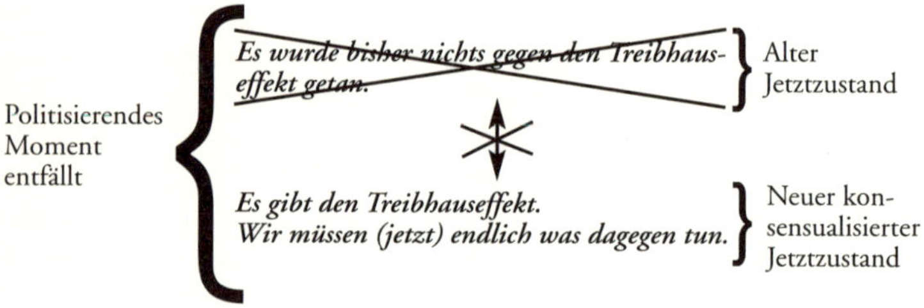

Eine Repolitisierung könnte dann wieder folgendermaßen ausschauen:

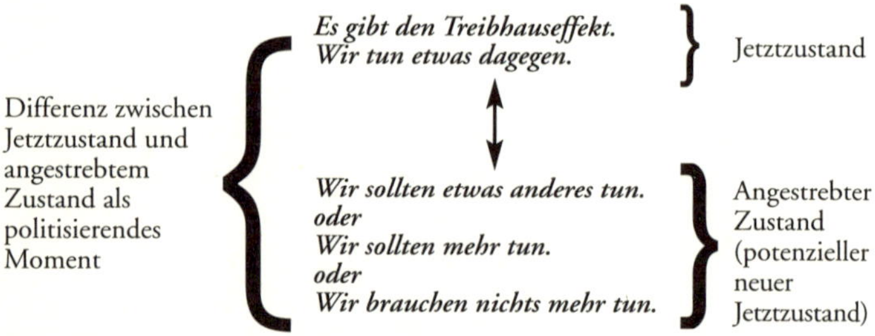

Dieses auf einer simplen Äußerung beruhende Beispiel zeigt bereits deutlich, wie komplex das Beziehungsgeflecht von Politisierung und Entpolitisierung sein kann.

Unerwünschte Politisierung

Widmen wir uns nun der Frage, inwieweit Politisierung, inwieweit das Schaffen von Diskurs- und Handlungsräumen in einer Demokratie eine durchaus problematische Angelegenheit sein kann: Als Paradebeispiel hierfür soll uns die Frage der Auschwitz-Lüge dienen: Die Frage, ob es die Massenvernichtung der Juden in den NS-Konzentrationslagern gegeben hat – und vor allem deren Negation –, ist eine, die von Gesetzes wegen in Österreich nicht gestellt, nicht betrieben werden darf. Das heißt: Hierbei handelt es sich um einen von staatlicher Seite unter Strafandrohung entpolitisierten Bereich, einen Bereich, für den es keinen Diskursraum geben darf. Wir haben es hier mit einem autoritären, verordneten Konsens zu tun, der sich allerdings auf einen breiten gesellschaftlichen Konsens stützt. Das Beispiel „Auschwitzlüge" zeigt dabei die Gratwanderung auf, auf der sich eine autoritäre, gesetzlich vorgeschriebene Entpolitisierung in einer Demokratie bewegt: Zum einen wäre eine Diskussion darüber, ob es den Holocaust gegeben hat, eine in Österreich mehr als problematische und für viele unerträgliche Angelegenheit, die zurecht von breiten Teilen der Gesellschaft abgelehnt wird. Zum anderen ist es in einer Demokratie aber auch hochproblematisch, wenn von staatlicher Seite gesellschaftlich und politisch unerwünschte Meinungs- bzw. Gesinnungsäußerungen verboten und Diskursräume gesetzlich geschlossen werden.

Es gibt auch noch andere Bereiche, in denen eine Politisierung nicht unbedingt etwas Wünschenswertes wäre und in denen zur Zeit auch ein weitgehender Konsens darüber besteht, dass diese Fragen nicht zu diskutieren, dass hier weder Diskurs- noch Handlungsräume zu öffnen sind: Ein Beispiel hierfür wäre die Frage der Einführung der Todesstrafe oder die Frage des generellen Verbots von Abtreibung – wobei es in Zusammenhang mit der Abtreibungsfrage durchaus Gruppen gibt, die versuchen, diesen Diskursraum zu öffnen.

Die Beispiele zeigen, dass die Frage von Politisierung, aber auch Entpolitisierung, eine hochpolitische ist, dass es sich sowohl beim Öffnen als auch beim Schließen von Diskursräumen um politische Akte handelt. Entpolitisierung erreicht erst dort den Zustand des Apolitischen, wo ein Absolutzustand erreicht wird und Differenz vollkommen eliminiert ist, wo sich eine Gesellschaft in einem diskussions- und auseinandersetzungslosen Gleichklang bewegt. Das wäre dann tatsächlich das Ende der Geschichte. Umgekehrt kann ein Zustand der absoluten Politisierung, der Absenz von jeglichem Konsens, als Zustand einer Nichtvergesellschaftung, als mögliche Anfangssituation einer sich entwickelnden Gesellschaftsgeschichte gesehen werden.

Politisierung und Entpolitisierung anhand von Kernkraftwerks- und Gentechnikdebatte

Betrachten wir nun das komplexe Beziehungsgeflecht von „Politisierung“ und „Entpolitisierung“ anhand zweier Themen, die in den vergangenen Jahren und Jahrzehnten im politischen Diskurs in Österreich eine wesentliche Rolle gespielt haben:

Nehmen wir beispielsweise die Kernkraftdiskussion her: In den siebziger Jahren wurde in Österreich mit dem von Regierungsseite betriebenen Vorhaben, ein Kernkraftwerk zu errichten, ein Diskurs- und Handlungsraum geöffnet. Die Regierung unter Kreisky handelte allerdings in der Überzeugung, dass das politisierende Moment nur ein sehr kurzfristiges sein würde, dass es zu einer weitgehenden gesellschaftlichen Konsensualisierung und zu einer Bejahung von Kernkraft kommen würde. Mit dem Bau des Kernkraftwerks Zwentendorf sollte die Bevölkerung vor vollendete Tatsachen gestellt und so eine länger andauernde kritische Diskussion vermieden werden. Dieser Entpolitisierungsversuch schlug fehl und mündete in eine breite öffentliche Debatte über Kernkraft und in das „Nein“ zum Atomkraftwerk in Zwentendorf in der darauffolgenden Volksabstimmung im Jahr 1978. Zu einer endgültigen Entpolitisierung der Kernkraftwerksfrage in Österreich kam es dann im Zuge der Atomkatastrophe von Tschernobyl: Spätestens nach Tschernobyl stand außer Diskussion, dass sich Österreich als atomkraftwerkfreies Land definiert. Es gibt heute keine politische Kraft in Österreich, die es wagen würde, eine Diskussion über die Errichtung eines Kernkraftwerks in Österreich zu initiieren.

Anders sieht die Situation etwa im Bereich der Frage des Einsatzes von Gentechnik in der Landwirtschaft aus: Hier sind es wieder vor allem Umweltorganisationen und die Grünen, die in diesem Themenbereich politisieren, um zu einem ähnlich ablehnenden gesellschaftlichen Konsens, zu einer ähnlichen Entpolitisierung wie beim Kernkraftthema zu gelangen. Das heißt, es wird in diesem Fall ein Diskursraum geöffnet, um einen Diskurs- und Handlungsraum nachhaltig zu schließen.

Was ich mit diesen – von mir bewusst stark simplifizierten – Beispielen zu zeigen versuche, ist die Tatsache, dass sowohl eine gesellschaftliche Standortbestimmung als auch die Bestimmung gesellschaftlicher Entwicklungspotenziale entscheidend mit der Frage zusammenhängt, welche gesellschaftlichen Bereiche von einem mehr oder weniger dominanten Konsens geprägt werden und in welchen Bereichen Diskurs- und Handlungspotenziale gegeben sind.

Medien, Verfassung und Grundsatzprogramme als Politisierungsinstanzen

Damit komme ich zur Frage, warum das Thema Politisierung und Entpolitisierung gerade im gegenwärtigen Österreich ein so Spannendes und Wichtiges ist.

Wir sind in Österreich mit zwei gegenläufigen Entwicklungen konfrontiert. Zum einen stehen wir vor einer zunehmenden Fragmentierung der Gesellschaft, vor dem Aufbrechen traditioneller politischer und sozialer Bindungsverhältnisse, vor der Zunahme von (ausgelebten) Differenzen. Diese Fragmentierung und gesellschaftliche Ausdifferenzierung deutet auf eine Tendenz in Richtung zunehmender gesellschaftlicher Dynamisierung, dem Aufbrechen von Diskurs- und Handlungsräumen, der Notwendigkeit zunehmender Auseinandersetzungen und Aushandelsprozesse hin.

Zum anderen sind wir in Österreich aber auch mit einer Konzentrations- und Uniformierungsentwicklung im Bereich der Medien konfrontiert, die zu einer Homogenisierung der öffentlichen Diskurse und vor allem zu einer Verengung der Diskursräume führt, was wieder – gesamtgesellschaftlich betrachtet – auf Entpolitisierungstendenzen hindeutet. Zudem stellt sich auch die Frage, welche Auswirkungen das wachsende Gewicht supra- und transnationaler Entscheidungsprozesse auf die politischen Handlungs- und Diskursräume hat und in Zukunft haben wird.

Von zentraler Bedeutung ist bei all dem die Frage, welche gesellschaftlichen Personen und Institutionen einen Einfluss auf das Öffnen und Schließen von Handlungs- und Diskursräumen haben. Welche Akteure haben Definitionsmacht? Gibt es so etwas wie normsetzende Instanzen, die über Politisierung und Entpolitisierung bestimmen? Wie sieht in diesem Zusammenhang die Rolle der Medien, der Politik aus? Welche Rolle kann eine Verfassung spielen?

Zur Rolle der Medien: Medien können als Instanzen der Politisierung/Entpolitisierung begriffen werden. Das heißt, Medien bestimmen in einem wesentlichen Maße, welche Themen, Positionen und Stimmen an die Öffentlichkeit gelangen, welche Diskursräume geöffnet werden können, was sagbar und hinterfragbar ist und was nicht. Hierauf begründet sich ein zentraler Aspekt der „Macht" der Massenmedien, nämlich jener der Definitionsmacht in Bezug auf Diskurs- und Handlungsräume.

Wie bereits erwähnt, ist die Mediensituation in Österreich eine ganz Spezifische – nämlich eine, mit wenigen Ausnahmen, sehr Verengte. Das hat zur Folge, dass bestimmte Gruppen und Positionen in ihren massenmedialen Zugangs- und Repräsentationsmöglichkeiten bevorzugt, andere wiederum stark eingeschränkt sind, und dass es zu einer Marginalisierung bzw. Eliminierung von Differenzen in den Massenmedien kommt. Dies gilt vor allem für das Fernsehen und den massenmedialen Printmedienbereich, wobei die einzelnen Printmedienvertreter ihre Rolle als Politisierungsinstanz sehr unterschiedlich wahrnehmen. Im Radiobereich, wo es den einen oder anderen Alternativsender gibt, schaut es überhaupt ein wenig anders aus, und überhaupt gänzlich anders präsentiert sich die Situation im Medium Internet, das in einem sehr hohen Maß diskursive und soziale Freiräume offeriert.

In Zusammenhang mit den von mir bisher skizzierten Überlegungen und bezogen auf die Frage einer möglichen Verfassungsreform sehe ich zweierlei Funktionen einer Verfassung: Zum einen dient sie dazu, einen gesellschaftlichen Grundkonsens hinsichtlich verschiedener Fragen und Themen verbindlich festzuschreiben, das heißt: Eine Verfassung fungiert hier als Instrument der Konsensualisierung, des Außer-Streit-Stellens, und damit als Mittel zur Entpolitisierung. Zum anderen ist es aber auch Aufgabe einer Verfassung, einen Rahmen und Strukturen vorzugeben, innerhalb derer Diskurs- und Handlungsräume geöffnet und geschlossen werden können.

Wenn wir uns in diesem Zusammenhang der Frage des „Streitens um Demokratie" zuwenden, so impliziert Demokratie auch immer, dass es offene Diskursräume, dass es Möglichkeiten der öffentlichen

Auseinandersetzung und der Mitbestimmung, des Auslebens von Differenz und Dissens gibt. Tatsache ist aber, dass unsere Gesellschaft in hohem Maße auf einem (zumindest angenommenen) Konsens aufbaut, dass wesentliche gesellschaftliche Fragen nicht zur Diskussion gestellt werden, nicht zur Diskussion gestellt werden dürfen, ohne dass mit gesellschaftlicher Sanktionierung gerechnet werden muss. Gleichzeitig existieren Bereiche, die sehr wohl für gesellschaftliche Auseinandersetzungen und Aushandelnsprozesse offen stehen. Wenn wir uns nun mit dem politischen System, in dem wir leben, auseinandersetzen, so ist es von ganz zentraler Bedeutung, in welchen Bereichen es offene Diskurs- und Handlungsräume gibt, und welche Bereiche, etwa durch eine Verfassung, entpolitisiert sind, also außer Diskussion stehen. Zudem gilt es auch, sich mit möglichen Politisierungs- und Entpolitisierungsmechanismen auseinanderzusetzen: Welche Möglichkeiten bietet ein bestimmtes politisches System, eine bestimmte Verfassung, um Diskurs- und Handlungsräume zu öffnen oder zu schließen? Welche politischen Akteure werden in diesem Zusammenhang mit Macht, mit Status, mit Kompetenzen, mit Ressourcen ausgestattet? Ist es für das Funktionieren des politischen Systems notwendig, dass Konsens hergestellt wird, oder wird das Vorhandensein von Dissens als funktionaler Bestandteil des politischen Systems mit berücksichtigt?

Für eine politische Partei – wie etwa die Grünen – stellen sich ähnlich fundamentale Fragen. Es gilt das eigene Politikverständnis und den Zugang zu Politik- und Themenbereichen zu definieren. Für die Grünen stellt sich in diesem Zusammenhang auch die Frage, inwieweit sie in ihrem Bestreben, eine regierungsfähige Partei zu werden, bereit sind, an politisierender Kraft, an politisierendem Moment zu verlieren. Auf diesem politisierenden Moment hat unter anderem das Image der Grünen als Chaospartei beruht – wobei mit Chaospartei nicht nur interne Streitereien und ein uneinheitliches Auftreten nach außen gemeint war, sondern auch die Politisierung und damit „Chaotisierung" der Gesellschaft.

Wenn wir beispielsweise einen Blick in das jüngste Grundsatzprogramm der Grünen werfen, so wird dort – nicht unerwarteterweise – der Anspruch gestellt, eine politisierende Kraft zu sein, Diskursräume zu öffnen und für das Ausleben von Differenz einzutreten. Im Programm selbst wird denn auch tatsächlich in wesentlichen Bereichen mit Differenzsetzungen, mit dem Herausstreichen bestehender Problembereiche und daran anknüpfenden Veränderungsvorstellungen operiert. Allerdings sind diese Differenzsetzungen sehr unterschiedlich – und zum Teil auch nur sehr schwach – ausgeprägt. Interessant ist auch, dass im Grünen Programm nur ein Teil der Differenzsetzungen zukunftsorientiert, ein nicht unwesentlicher Teil aber rückwärtsgewandt oder auf die Bewahrung des – als durch negative Entwicklungen bedroht dargestellten – Jetztzustandes ausgerichtet ist.

Um zu illustrieren, wie solche unterschiedlich gewichteten und orientierten Differenzsetzungen im Grünen Grundsatzprogramm sprachlich umgesetzt wurden, möchte ich einige Beispiele daraus bringen:

a) für eine *vergangenheitsorientierte* Differenzsetzung:

z. B.: „**Rückgang** auf das tatsächlich Notwendige", „**zurück**gewinnen", „Gemeinwohl und Einzelinteresse **wieder** stärker miteinander verknüpfen", „die **Wieder**gewinnung von Zeit", „es muss sich **wieder** lohnen", „**wieder** hin zu einer", „wieder verstärkt", **Rückkehr** zu", „**Rück**gewinnung" usw.

b) für eine auf die *Bewahrung* eines (als gefährdet angenommenen) Jetztzustands ausgerichtete Differenzsetzung:

z. B.: „**sichern**", „**sicherstellen** und **verteidigen**", „**verhindern**", „**entgegenwirken**", „**erhalten**", „**aufrechterhalten**", „**Bewahrung**", „**Schonung**", „**ablehnen**", „**entgegnen**", „**Widerstand**" usw.

c) für *„starke"* Differenzsetzungen:

z. B.: „**in Gang setzen**", **überwinden**", „**Systemveränderungen** herbeiführen", **Eröffnen** von Freiräumen", „**Herstellen** von Kostenwahrheit", „**Schließen** von Kreisläufen", „Modelle **entwickeln**", „Rahmenbedingungen **schaffen**", „umsteigen", „**umfassende Reform**", „**Neuorientierung**", „**Absage erteilen**", „**Abschaffung**", „**ersetzen**", „**neu organisieren**", „**erneuern und umbauen**", „**beseitigen**", „von Sexismus **befreien**" usw.

d) für *„schwache"* Differenzsetzungen:

z. B.: „**verbessern**", „**verstärken**", „die bestehenden sozialen Sicherungen **erweitern und ergänzen**", „(bestehende) Instrumente ausbauen", „Regelungen sind zu **überdenken** und zu **modifizieren**", „**weiterentwickeln**", „Benachteiligungen **verringern**", „**anstreben**", „**vereinfachen**", „**erweitern**", „**aufwerten**", „**vereinheitlichen**", „**mehr** Flexibilität", „**bessere Aufteilung**", „**stärkere Einbindung**", „**klarere** Trennung", „**größeres** Gewicht", „(vorhandene) Bemühungen **intensivieren**" usw.

Ohne hier weiter analytisch ins Detail gehen zu wollen, denke ich, dass es sicher sehr interessant und aufschlussreich wäre, einen Vergleich zwischen den programmatischen Papieren der Grünen in der Vergangenheit und dem jetzigen Grundsatzprogramm hinsichtlich ihres politisierenden Momentes anzustellen.

Eine andere spannende Frage, die viele beschäftigt, ist jene hinsichtlich der politisierenden oder entpolitisierenden Wirkung der so genannten „Wende" in Österreich. Hier ist es im Gefolge der Koalitionsbildung zwischen FPÖ und ÖVP zu einem verstärkten Ausleben und Artikulieren von Differenz, zu einer Verschiebung von Machtkonstellationen, zu einem – was die Kultur der politischen Auseinandersetzungs- und Aushandelsprozesse betrifft – weiteren Schritt weg von einer Konsensdemokratie gekommen. Es hat auch so etwas wie eine zivilgesellschaftliche Formierung gegeben – die sich allerdings bereits deutlich abgeschwächt hat: Das emotionale Moment des Februar 2000 ist inzwischen weitgehend verloren. Ein Beispiel, wie schnell aus Differenz Konsens werden kann, wie stark vor allem der mediale Konsensualisierungs- und Anpassungsdruck sein kann, war etwa die Frage der Maßnahmen der EU-14, bei der es zu einer sehr raschen Positionsangleichung zwischen den Regierungs- und Oppositionsparteien gekommen war. Und zwar mit dem Resultat, dass sich ab einem bestimmten Zeitpunkt kein Politiker mehr zu sagen traute, er oder sie sei für die Maßnahmen gewesen. Hierbei zeigt sich, dass die Frage des Öffnen und Schließens von Diskursräumen eine ist, die sehr stark in Zusammenhang mit der Frage der Existenz und Etablierung von dominanten, machtvollen Diskursen gesehen werden muss. Eine konsensorientierte Gesellschaft ist dabei wesentlich stärker von dominanten Diskursen geprägt, die einen großen Anpassungsdruck ausüben, als etwa eine Gesellschaft, die sich über Dissens und Differenz definiert.

Doch zurück zur Frage des politisierenden Moments der „Wende". Sie ist auch hinsichtlich der parlamentarischen Ebene nicht so einfach zu klären: Während es zu deutlicheren Differenzsetzungen zwischen SPÖ und ÖVP gekommen ist, ist zugleich die Differenz zwischen FPÖ und ÖVP geschrumpft. Die FPÖ-Regierungsriege hat von einigen Extrempositionen Abschied nehmen müssen und ist ein Stück in die Mitte gerückt, gleichzeitig hat sich die ÖVP weiter nach rechts bewegt. Auch auf Seiten der Opposition ist es – zumindest in der medialen Wahrnehmung – zu einem Zusammenrücken gekommen.

Während in Zeiten der großen Koalition die drei Oppositionsparteien FPÖ, LIF und Grüne meist separat benannt wurden, ist heute oft nur noch von der Kritik der Opposition die Rede. In der Medienwahrnehmung steht der Regierung ein Oppositionsblock gegenüber, womit sich die Anzahl der unterschiedlichen politischen Positionen – zumindest in der medialen Darstellung – deutlich verringert hat. Ich möchte aber hier, im Zusammenhang mit der „politischen Wende“, bewusst kein Resümee ziehen, weil ich zugeben muss, dass ich mir in einer abschließenden Beurteilung selbst unschlüssig bin, dass ich sozusagen zu keinem inneren Konsens, zu keiner inneren Entpolitisierung, gefunden habe.

Was sich jedenfalls zeigt, ist, dass das Öffnen und Schließen von Diskurs- und Handlungsräumen etwas ist, das auf den unterschiedlichen gesellschaftlichen Ebenen nicht nur ständig passiert, sondern ein ganz wesentlicher, prägender Teil des gesellschaftlichen Zusammenlebens ist. Insofern halte ich es im Rahmen von Fragen rund um Demokratie und Verfassung für unabdingbar, sich bewusst mit den Rahmenbedingungen des Öffnens und Schließens von Diskurs- und Handlungsräumen, mit Fragen der Konsensualisierung und Differenzsetzung und Fragen der Dominanz bestimmter Diskurse, auseinanderzusetzen und sie zu einem wesentlichen Bestandteil einer Diskussion über mögliche Entwicklungslinien unserer Gesellschaft – sei es auf nationaler oder supranationaler Ebene – zu machen.

Johannes Voggenhuber

Europäische Verfassung – die Konstruktion des politischen Subjekts

Europa ist den meisten Menschen eine Vision / ein Traum / ein Ideal. Das politische Europa aber muss der Öffentlichkeit vor allem als ein großes Kostümfest erscheinen. Ich muss dabei an das Publikum in einer Verwechslungskomödie denken, das so lange in die Irre geführt wird, bis es zwischen Schein und Wirklichkeit nicht mehr unterscheiden kann.

Im Laufe eines solchen Stückes wird zum Beispiel eine Figur auf offener Bühne erschossen. Verwendet wird eine Platzpatrone. Alle Besucher wissen das oder glauben es zu wissen. Doch jeder kennt wohl auch den Kriminalfall, in dem die Platzpatrone heimlich ausgetauscht wird. Der Schauspieler fällt. Das Publikum lacht. Doch der von der Bühne getragen wird, ist wirklich tot. Wenn das Ganze noch in einer Verwechslungskomödie spielt, dann sieht das Publikum, im Glauben, es sei eine Platzpatrone gewesen, eine bestimmte Figur zum Schein zusammenbrechen. In ihrem Kostüm und unter ihrer Maske hat es in Wahrheit aber eine ganz andere Figur, und zwar ganz ernsthaft, getroffen. Dann haben wir es mit einer Kombination von Krimi, Wirklichkeit und Verwechslungskomödie zu tun, einer ständigen Verschränkung von mehrfacher Virtualität und doppelbödiger Realität. Und genau so erscheint Politik, wenn es um die pure Macht geht. Europa als Verwirrspiel? Die Zukunft Europas ein Machtkampf in Kostümen?

Was soll das Publikum etwa davon halten, wenn in den Auseinandersetzungen um die Zukunft Europas immer öfter die heroische Figur der „nationalen Identität" auftritt? Das Publikum erschauert: Nationale Identität? Was steckt dahinter? Welche Interessen? Welche Kräfte? Oder wenn die großen Figuren „Demokratie" oder „Föderalismus" oder „Bundesstaat" oder „Sozialvertrag" deklamieren. Sind da mächtige Spieler oder bloß Komparsen unter prunkvollen Kostümen? Es gibt Platzpatronen; aber es gibt auch echte. Und so manches Opfer wird vor den Augen des verwirrten Publikums hinausgeschafft. Und so klatscht dieses Publikum manchmal zur Niederlage der Demokratie, im Glauben, es applaudiere gerade der „europäischen Handlungsfähigkeit". Andere klatschen zum Ende eines sozialen Europa, weil es gerade in der Maske der „Modernisierungsoffensive" oder in der effektvollen Figur der „Marktliberalisierung" auftritt.

Ich möchte hier zum besseren Verständnis des Stückes, das tatsächlich aufgeführt wird, beitragen, indem ich versuche, zwei große Figuren, die sich auf der europäischen Bühne beständig verkleiden, vorzustellen und ihre Masken zu lüften. Die eine Machtfigur tritt meist auf im Kostüm der „nationalen Identität" – und laut Programmzettel gibt sie die Gegenspielerin eines „europäischen Zentralismus", die in Gestalt des „Superstaates" oder des „europäischen Bundesstaates" auftritt. Unter der Maske dieser „nationalen Identität" aber steckt keineswegs die Sorge um das Recht der Menschen auf Heimat, sondern der blanke Machtanspruch der nationalen Regierungen.

Zum besseren Verständnis muss man die historische Entwicklung der EU kurz heraufbeschwören und einen ganz wesentlichen Rubikon festlegen, eine ganz bestimmte Grenze seiner Entwicklung, bei deren Überschreiten sich die Qualität der EU verändert hat, ohne dass wir es wirklich wahrgenommen hätten. Die EU war seit ihrer Gründung völkerrechtlich und verfassungsrechtlich eine internationale Organisation. Und es war nach allen nationalen Verfassungen die unbestrittene Domäne der nationalen Regierungen, in internationalen Organisationen bindende Entscheidungen zu treffen. Die Rechte der Parlamente beschränkten sich darauf, einen bereits geschlossenen Vertrag zu ratifizieren. Das hat etwas mit der notwendigen Effizienz zu tun, mit den Schwierigkeiten, unter vielen Vertragspartnern Konsens und Kompromisse zu erreichen, mit der Entwicklung des Völkerrechts. Und so waren die internationalen Organisationen ein Teil der klassischen Außenpolitik, in der die Regierungen seit hundert Jahren sehr große Vorrechte gegenüber den Parlamenten innehatten.

Mit den Verträgen von Maastricht, Amsterdam und Nizza hat sich das dramatisch geändert, sodass heute die EU eben keine klassische völkerrechtliche Organisation mehr ist, sondern einen hoch entwickelten Charakter von Staatlichkeit aufweist. Die EU ist längst in einem Staatswerdungsprozess begriffen, der immer drängendere Fragen hinsichtlich Legitimation, Repräsentation und Partizipation, hinsichtlich Rechtsstaatlichkeit und Grundrechtsgarantien aufwirft.

Staatlichkeit und staatliche Gewalt, die unmittelbar die Bürger erreicht, die unmittelbar die Bürger unter das Recht der EU beugt, gehen heute von der Europäischen Union aus. Dies reicht bis zur direkten Ausübung von Staatsgewalt: Strafen im Wettbewerbsrecht, Eingriffe von Europol, Datensysteme, Hausdurchsuchungen und Strafverfahren im Bereich des Binnenmarktes etc. Dies alles, ohne dass man noch ernsthaft von einer realen Kontrolle durch die nationalen Parlamente und Gerichte sprechen könnte. Dazu kommen die so genannte II. und III. Säule, also die Bereiche der Regierungszusammenarbeit, die höchst sensible Grund- und Bürgerrechte betreffen – man denke an Schengen, an die Polizei- und Justizzusammenarbeit, die übrigens ganz wesentlich zur Gewalteskalation in Genua beigetragen hat. In diesen Politiken entstehen zusehends gefährliche Bruchlinien im europäischen Grund- und Menschenrechtsgefüge. Eine parlamentarische Kontrolle existiert in der Realität nicht: Dem Europäischen Gerichtshof wird die Zuständigkeit verweigert, obwohl die nationalen Gerichtsbarkeiten längst völlig außerstande sind, etwa in der III. Säule (innere Sicherheit) ihre formale Zuständigkeit tatsächlich wahrzunehmen oder die Rechte ihrer Bürgerinnen und Bürger zu schützen. Der Charakter der EU hat sich also dramatisch gewandelt in Richtung eines staatlichen Gebildes.

Dieser Übergang von einer internationalen Organisation zu einem staatlichen Gebilde macht die radikale Demokratisierung der europäischen Union notwendig: weil die Legitimations-und Kontrollfragen einer internationalen Organisation und die eines staatlichen Gebildes völlig unvereinbar sind. Wir haben es im Grunde mit einem Staat in seinem Geburtsstadium zu tun – einem Staat mit großer wirtschaftlicher Potenz, mit Geldpolitik, Wettbewerbsrecht, mit Ansätzen von Außen- und Sicherheitspolitik, mit einer gemeinsamen Polizei, mit Justizzusammenarbeit, mit Forschungsprojekten in Milliardenhöhe im Bereich Atom- und Gentechnologie etc. Es fehlt aber ein System von *cheques and balances*, ein System parlamentarischer Legitimation und Kontrolle, ein System gerichtlicher Rechtsgarantie, die Bindung der Verwaltung an die Gesetze, die Möglichkeiten der Bürger und Bürgerinnen gegen die Eingriffe dieser staatlichen Gewalt rechtsstaatlich vorzugehen, Macht zu begrenzen, abzuwählen, zur Rechenschaft zu ziehen. Dieses demokratische Grundsystem zur Zähmung der exekutiven Macht, das entgleitet uns.

Kaum jemand hätte es wohl bei der Gründung der Europäischen Gemeinschaften für möglich gehalten, dass, was wir in den 200 Jahren seit der französischen Revolution zur Zähmung der Macht, zum Schutz der Rechte des einzelnen Menschen, zur Bindung der Verwaltung an die Gesetze entwickelt haben, im Laufe der europäischen Integration in Gefahr geraten könnte. In einer internationalen Organisation mit einem eng begrenzten Handlungsauftrag und ohne unmittelbare Wirkung auf den Bürger haben sich diese Fragen nicht gestellt. Das europäische Recht aber durchbricht das nationale Recht, auch das Verfassungsrecht, ja sogar die nationalen Grundrechtskataloge und Grundgesetze, und unterwirft unmittelbar den einzelnen Menschen.

Man muss nun sehen, dass bei diesem Überschreiten keine böswilligen „Täter" und keine autoritären Ideologien am Werk gewesen sind, sondern dass es sich um eine historische Entwicklung handelt, die unter dem ökonomischen Zwang, den Binnenmarkt zu errichten oder eine gemeinsame Geldpolitik zu entwickeln, vorangetrieben wurde. Das historische Skandalon des europäischen „Demokratiedefizites" ist erst entstanden, als die nationalen Regierungen begriffen hatten, dass sie in der EU eine einzigartige Machtposition errungen haben, und sich nun darauf verständigten, diese Machtfülle auf Kosten der Demokratie und der Bürgerrechte nicht nur zäh zu verteidigen, sondern sogar noch auszubauen. Weil das in der europäischen Öffentlichkeit nicht offen geschehen kann, haben sie sich in die Pose der Verteidiger der nationalen Identität geworfen, die angeblich durch eine Demokratisierung, durch Grund- und Bürgerrechte, durch eine Stärkung von europäischem Parlament und Gerichtshof beschädigt würde.

So besteigen sie in ihren nationalen Hauptstädten als Minister das Flugzeug und steigen in Brüssel aus der Maschine als Gesetzgeber, Regierungsmitglieder, ja Verfassungsgeber Europas – und beschließen Gesetze (die sie zur Tarnung „Verordnungen" nennen) unter Ausschluss der Öffentlichkeit. Man muss sich das einmal deutlich machen: Ich bin als Abgeordneter von 350.000 Menschen gewählt – aber ich habe genauso wenig wie Sie das Recht zu erfahren, wer im Rat welchen Rechtsakt wie abgestimmt hat. Die Öffentlichkeit der Gesetzgebung ist aber ein konstituierendes Prinzip der Demokratie; dieses Prinzip soll gewährleisten, dass die Menschen die Regierungen zur Verantwortung ziehen können. Wie aber sollen sie das tun, wenn sie nicht mehr wissen, wer wie entschieden hat?

Es ist undenkbar, dass in einem Mitgliedsland die Öffentlichkeit der Gesetzgebung beseitigt wird; es ist undenkbar, dass Sie nicht mehr das Recht haben, in Parlamente oder Landtage zu gehen, um zu sehen, wie Ihre Abgeordeten abstimmen – so wie man auch in den Gerichtssaal gehen kann und Gerichtsverfahren öffentlich sind, damit die Macht immer weiß, dass sie unmittelbar von den Bürgern und Bürgerinnen kontrolliert werden kann. Und nun könnte man viele solche Bereiche aufzählen, in denen in der EU wohl staatliche Gewalt ausgeübt wird, in denen aber die rechtsstaatlichen Gehege, Zäune und Zügel, in denen Grundrechtssicherungen und Garantien, parlamentarische und gerichtliche Kontrollen nicht entwickelt sind.

Seit langem fordern die Menschen in Europa mehr Demokratie. Der Unmut, die Weigerung, all das zu akzeptieren, ist relativ hoch. Also wieso überhaupt der Widerstand – noch dazu, wo die EU aus 15 Demokratien gebildet ist? In der EU gibt es ja kein einziges Land, das nicht demokratisch verfasst wäre. Warum also kommt es in der EU nicht zur Verwirklichung dieser uns in ganz Europa eigentlich selbstverständlichen demokratischen Prinzipien?

Und hier sollte die erste Maske gelüftet werden. Hinter der pompösen Figur, der „nationalen Identität", zeigt sich die Macht der nationalen Exekutive. Europa zu demokratisieren hieße, die nationalen Regierungen zum Machtverzicht zu zwingen. Sie würden nicht mehr Regierung und Gesetzgeber, ja sogar Verfassungsgeber Europas in einem sein, mit einer Bürokratie, die sich den Gerichten und dem Parlament ebenso entzieht wie der Kontrolle der Öffentlichkeit, mit einer Machtfülle, von der seit 200 Jahren demokratische Regierungen nur mehr träumen konnten. Die Kommission ist mehr und mehr zu einer bloßen Auftragsverwaltung des Rates geworden. Die Regierungen haben sogar verhindert, dass die europäische Grundrechtecharta in den Vertrag aufgenommen und damit rechtsverbindlich wird.

Nun: Regierungen haben noch nie Demokratie geschaffen. Es ist geradezu naiv zu erwarten, dass sie sich selbst zügeln; selbst ihre Macht beschränken; ihre eigene Kontrolle verschärfen. Und die Schwierigkeit ist natürlich, dass unsere Parlamente in Europa seit fünf Jahrzehnten ihre Aufgabe nur mehr darin sehen, ihrer jeweiligen Regierung eine notarielle Mehrheit zu verschaffen. Das Bewusstsein von der Uraufgabe der Parlamente – Grundrechtsschutz, Zähmung und Kontrolle der Macht, Verfassungsgebung – ist geschwächt. Die Errichtung einer Europäischen Demokratie, einer republikanischen Grundordnung in der EU sind das Gebot der Stunde. Wer diese Forderung erhebt, dem aber tritt das bestehende „Europa der Reichsfürsten" entgegen, vornehmlich als Heros der „nationalen Identität".

Die zweite Machtfigur, meist unter der Maske der „Modernisierung" auftretend, ist jene pseudoreligiöse Wirtschaftsideologie, die man Neoklassizismus oder Neoliberalismus nennt und die tatsächlich eine sehr gefährliche Entwicklung in Europa eingeleitet hat. Ich denke, man muss sich darüber klar sein, dass die europäische Integration unabhängig von den Mythen der Vergangenheit und den Träumen der Geschichte, die sich damit verbinden, vor allem ein Einigungswerk aus einem ganz modernen Grund ist: Sie entsteht aus der Notwendigkeit der Emanzipation von Politik gegenüber der Globalisierung der Wirtschaft.

Es ist ein einfacher Befund, dass gegenüber global organisierten und agierenden wirtschaftlichen Kräften und Organisationen und Unternehmen der Nationalstaat seine Ordnungsfunktion nicht mehr einlösen kann. Das Wesen des Politischen selbst, das darin besteht, das ökonomische Einzelinteresse dem Allgemeinwohl und den Werten der Gemeinschaft zu unterwerfen, steht auf dem Spiel.

Nun ist die europäische Integration der einzige Weg, eine Politik, die im nationalstaatlichen Rahmen zu dieser ihrer Uraufgabe nicht mehr fähig ist, auf einer größeren, nämlich der europäischen Ebene neu zu organisieren. Nur so kann Politik die Möglichkeit zurückgewinnen, ökonomischen Interessen einen ethischen, sozialen und ökologischen Rahmen zu weisen.

Tragisch daran ist, dass die europäische Integration auch umgekehrt eingesetzt werden kann – und auch eingesetzt wird. Sie eignet sich nämlich auch als Vehikel dieser ökonomischen globalen Interessen selbst, als Instrument ökonomischer Macht gegen das Politische.

Eine Strategie dieses Kampfes möchte ich hier aufzeigen. Der Prozess der Übertragung nationaler Souveränitätsrechte auf die EU – unter der Parole der europäischen Einigung – wird systematisch dazu genutzt, diese politischen Kompetenzen auszuhöhlen und damit die Ordnungsmacht des Politischen gegenüber dem ökonomischen Interessen nicht zu stärken, sondern – im Gegenteil – bewusst zu schwächen.

Durch den Euro und den europäischen Stabilitätspakt, der die Entschuldungen innerhalb kürzester Zeit erzwingt und der nationalen Budgetpolitik ein enges Korsett anlegt, sind beispielsweise Geldpolitik, Finanzpolitik, Budgetpolitik auf die europäische Ebene übertragen worden. Diese Kompetenzen sind dort aber nur in Bruchstücken angekommen: Wir haben zwar eine gemeinsame Währung und eine Zentralbank erhalten, nirgendwo aber entstehen eine europäische Sozialpolitik, soziale Mindeststandards, eine gemeinsame europäische Wirtschaftspolitik, ein europäischer Finanzausgleich oder eine gemeinsame europäische Steuerpolitik. Abgetretene nationale Souveränitätsrechte versickern so auf dem Weg nach Brüssel. Die politische Macht, die der Nationalstaat vermeintlich nach Europa abgibt, gerät in die ideologischen Filter des Neo-Liberalismus. Europäische Kompetenz wird dann eine von sozialen, vor allem von verteilungspolitischen, aber auch von ethischen Ansprüchen „entschlackte" Politik.

In einer zweiten Strategie werden nationale Souveränitätsrechte nur zum Schein europäisiert. Sie werden nicht an die europäischen Institutionen abgetreten, sondern in die so genannte II. und III. Säule, also in die Bereiche der Regierungszusammenarbeit eingebracht. (II. Säule: Außen-und Sicherheitspolitik; III. Säule: Justiz, Polizei, Europol, Schengen, Asyl) Nationale Regierungsvertreter entscheiden dabei unter Ausschluss der Öffentlichkeit, ohne Europäisches Parlament und ohne Europäischen Gerichtshof in undurchsichtigen Verfahren. Die Folge ist nicht die politische Einigung Europas, sondern ein nationalistischer Interessensbazar.

Die Regierungen scheuen im Kampf um diese Machtstellung nicht davor zurück, mit nationalistischen Gefühlen zu zündeln. Ihr illegitimer Machtanspruch im Kostüm einer mythischen Identität wird zur unheilvollen Rolle in einer europäischen Verwechslungstragödie. Und heuchlerisch wird die Empörung über den Aufstieg der extremen Rechten, die dann den bereits glosenden Zunder nur mehr in die Verteilungskämpfe der Globalisierung werfen muss. Das ist der unverzeihliche Aspekt an der Sache. Was hier an nationaler Identität beschworen wird, ist ja genau das, was mit der Idee der politischen Einigung Europas überwunden werden sollte.

Ein polnischen Intellektueller sagte mir vor kurzem in Berlin, er habe immer noch Schwierigkeiten, diese skurrile nationale Identität zu begreifen. Bis ins 19. Jahrhundert war es für einen Polen selbstverständlich, sich zum Beispiel als Katholik von jüdischer Herkunft, aus der Region soundso stammend und zugleich als Polen zu bezeichnen. Eine solche multiple Identität galt wohl für alle Menschen in Europa bis zu diesem verhängnisvollen 19. Jahrhundert. Und spätestens nach den Schrecken und den Verbrechen des 20. Jahrhunderts sollte klar sein, wie historisch kurzlebig, wie gefährlich, wie aggressiv und irrational das ist, was man „nationale Identität" nennt – und wie unbrauchbar, damit festzulegen, was ein Mensch ist.

Was wollten die nationalen Regierungschefs in Nizza? Sie haben um dieses „Europa der Reichsfürsten" gekämpft. Es hat sich aber gezeigt – und das ist eine historische Wende –, dass dieses Europa nicht funktioniert und keine Zukunft hat. Weil man nicht über ein Wochenende, in einem belagerten Nizza, Göteborg oder Amsterdam eingesperrt und von 100.000 Demonstranten eingekesselt, innerhalb von 36 Stunden die Zukunft Europas untereinander entscheiden kann. Europa als Regierungsdeal: Grundrechte gegen Fischquoten, Subventionen gegen Stimmgewichte, Milchquoten gegen Asylpolitik – das wäre ein Europa, das mit der Demokratie kollidieren müsste.

Was ist die europäische Kultur, was unterscheidet sie von allen anderen Kulturen, was ist ihr Beitrag zur Weltkultur? Für mich ist die europäische Kultur eine Geschichte der Zähmung der Macht. Wir betrachten die Demokratie als die einzige Herrschaftsform, die der Würde des Menschen angemessen ist, und wir haben die Idee der sozialen Gerechtigkeit entwickelt, weil sie eine Voraussetzung von Demokratie ist. Der Begriff der politischen Bürgerschaft muss deshalb auch im Zentrum der weiteren europäischen Integration stehen. Und: Europa muss ein sozialer Raum werden.

Es wird eingewandt: „Europa hat kein Volk. Wie sollen wir Demokratie entwickeln, wenn es keinen Demos gibt?" Doch hinter diesem Einwand steht der Begriff von „Volk" in germanisch-ethnischer Konnotation und nicht der des wirklichen politischen Volkes. Meine Antwort darauf ist auch sehr einfach: Wo entsteht der Anspruch auf Demokratie? In einem Volk? In einem nationalen Volk? In einer Schicksalsgemeinschaft des 19. Jahrhunderts? In einem Nationenbegriff, den es ein paar tausend Jahre vorher nicht gegeben hat, und den es, ich hoffe, auch die nächsten Jahrtausende nicht geben wird? Wo entsteht eigentlich der Anspruch auf Demokratie? Und meine Antwort ist: Der Anspruch auf Demokratie entsteht dort, wo Menschen einem gemeinsamen Recht unterworfen werden.

Die Europäische Union ist eine Rechtsgemeinschaft. Alle Europäerinnen und Europäer müssen sich diesem Recht unterwerfen. Wir können daher den Anspruch erheben, uns dieses Recht selbst zu geben. Wir haben also einen Anspruch auf Demokratie in Europa, der um nichts kleiner ist als der gegenüber einem Nationalstaat.

Wir müssen die Einigung Europas von einem Projekt der ökonomischen und bürokratischen Eliten zu einer res publica machen, von einem wirtschaftlichen zu einem politischen Projekt. Nationalismus, Neo-Liberalismus und der zügellose Machtanspruch der Exekutiven sind hinter verwirrenden Masken und unter prunkvollen Kostümen eine seltsame, aber machtvolle Allianz eingegangen. Gegen diese Allianz einen neuen Entwurf von Demokratie im supranationalen Raum und ein Europa als soziales Gemeinwesen zu setzen, das ist die Aufgabe. Das Mittel und die Chance dazu ist ein europäischer Verfassungsprozess.

Dimitris Th. Tsatsos

Von Nizza zum Europäischen Verfassungsvertrag

Vorbemerkung

1. Wenn der Leser diesen Band in die Hand nehmen wird, ist die Europäische Union bereits einen Schritt weiter – schließlich geht es in den hier versammelten Beiträgen um unionsimmanente Probleme, und diese sind ständig auf dem Weg zu weiteren Reformen. Wenigstens eine Aktualisierung ist mir allerdings notwendig erschienen, und so werde ich hier abschließend die Wende und den Konstitutionalisierungsprozess nach dem Vertrag von Nizza in aller Kürze ansprechen.

2. Dieser Beitrag versteht sich nicht als wissenschaftliche Abhandlung, meine Rück- und Ausblicke stellen lediglich persönliche Erfahrungs- und Erlebnisreaktionen aus der Regierungskonferenz im Jahr 2000 dar, an der ich als einer der beiden gewählten Vertreter des Europäischen Parlamentes mitgewirkt habe. Ich hoffe, sie tragen ein wenig zum Verständnis der Materie bei.

Aus der Regierungskonferenz 2000

1. Die Diskussion in der Regierungskonferenz 2000 hat beim Autor dieses Beitrags einen bleibenden Eindruck hinterlassen, der zudem eine ältere Feststellung von ihm bestätigt: Ein ganzes Jahr hat die Regierungskonferenz getagt und über viele wichtige institutionelle Fragen diskutiert – nie aber über das Ziel der Europäischen Union. Man hat darüber diskutiert, wie man „bessere" Regelungen gestalten könnte – nie aber darüber, nach welchen Kriterien sich dieses „Bessere" ergeben könnte. Und das ist nicht unbewusst geschehen, denn sowohl Elmar Brok als auch der Autor haben beide in ihrer Funktion als Repräsentanten des Europäischen Parlamentes in der Regierungskonferenz des Öfteren versucht, die Diskussion auf das Grundsätzliche zu bringen, um vorgeschlagene Lösungen zu rechtfertigen oder

abzulehnen. Das aber ist gar nicht im Sinne der Teilnehmer der Regierungskonferenz gewesen, und so ist es auch nicht gelungen, die Grundfrage – nämlich die Frage, was denn letztlich die Bestimmung und der Zweck der Europäischen Union sei – in das Hauptfeld der Diskussion einzubringen. Diese Frage schien bei der Regierungskonferenz gewissermaßen „verboten" zu sein, und es steht zu befürchten, dass auch weiterhin in der Europäischen Union „verboten" sein wird zu fragen, wohin sich die Europäische Union entwickeln soll und was aus ihr werden will.

2. Dass man über Grundsätzliches nicht sprechen wollte, ist jedoch kein Wunder, denn in der Union der fünfzehn Mitgliedstaaten herrscht ein *konzeptioneller Pluralismus.* Der Pluralismus besteht allerdings nicht nur in der Konzeption, *sondern bereits in der Sprache*, verstanden nicht im eigentlichen Sinne, sondern als Prozess der *institutionellen Kommunikation* und somit auch im *Verständnis von Grundbegriffen.* Anders ausgedrückt: Es gab keinen gemeinsamen, einheitlichen Diskurs. Man denke nur an die unterschiedliche Einstellung zu dem Begriff „Verfassung für Europa". Nach zentral-europäischem Verfassungsverständnis ist es unter bestimmten klärenden Bedingungen möglich, den Verfassungsbegriff als Instrument der Aufwertung der Europadiskussion durchzusetzen. Anders sieht die Akzeptanz jenes Begriffes bei den Briten oder den Schweden aus, bei denen eher mit einer ablehnenden – wenn nicht sogar allergischen – Reaktion zu rechnen ist. In der deutschen Verfassungslehre herrscht wieder ein anderes Verständnis – auch dank Peter Häberle mit allen seinen Vorarbeiten über ein gemeineuropäisches Verfassungsrecht[2]. Und die Tatsache, dass man in der Europäischen Union auf Übersetzungen angewiesen ist, hat auch nicht dazu beigetragen, diese Probleme zu lösen. Übersetzungen können die Unterschiedlichkeiten im Diskurs nicht aus der Welt schaffen, ja sie schaffen oft sogar noch zusätzliche inhaltliche Verständnisschwierigkeiten. Daher kann man hier höchstens von einem Rahmenverständnis und von einer relativen Kommunikation sprechen.

3. Vielleicht ist die Grundsatzdebatte auch deshalb nicht geführt

[2] Bei der Vorbereitung der Druckvorlage erschien Peter Häberles Europäische Verfassungslehre (Baden-Baden 2001/02), auf die der Verfasser nachdrücklich hinweist, s. a. seinen den Begriff prägenden Aufsatz, EuGRZ 1991, S. 261 ff. sowie „Elemente einer Theorie der Verfassung Europas" von Anne Peters (Berlin 2001).

worden, weil sie das unterschiedliche Maß an Integrationsbereitschaft, das in den verschiedenen Staaten und bei den verschiedenen Völkern herrscht, sichtbar gemacht hätte. Hat man am Ende der Entwicklung einen Bundesstaat in Sicht? – Ohne direkt angesprochen zu sein, stand dieses Problem sofort im Raum, als es in der Regierungskonferenz um die Frage gegangen ist, was im Entscheidungsprozess des Rates in der Einstimmigkeit bleiben soll und was in die qualifizierte Mehrheit übergehen kann. Formal waren alle Staaten für die qualifizierte Mehrheit, die in einem Europa der 27 Länder ja auch tatsächlich unabdingbar ist. Zugleich aber meldete jeder Staat einzelne Punkte an, die er von der Mehrheitsregel ausgeschlossen wissen wollte, und da jeder Einzelne bei der Abschaffung des Vetos einige Ausnahmen vorzubringen hatte, ergab sich am Ende ein stolzer Katalog solcher Ausnahmen. Kurz: Man hat das Prinzip der Einstimmigkeit verurteilt, diese Einstimmigkeit jedoch in vielen Fällen beibehalten.

4. Im Jahr 1997 trat der Amsterdamer Vertrag in Kraft, anno 2000 wurde der Nizza-Vertrag abgeschlossen, und für 2004 ist eine weitere Regierungskonferenz vorgesehen. Warum gibt es eigentlich so oft Regierungskonferenzen? Die Antwort darauf lautet, dass die Regierungskonferenzen gerade deshalb häufiger stattfinden müssen, als das bei der Revision einer nationalen Verfassung der Fall wäre, weil die Europäische Union, ein völlig neuartiges Gebilde, sich im ständigen Wandel befindet. Dieser Wandel bedarf seiner Widerspiegelung im institutionellen Gefüge. Jetzt, vor der Erweiterung, zeichnet sich ab, dass es auch in Nizza, wie schon zuvor in Amsterdam, so genannte „left-overs" gibt. Deshalb ist ohne eine neuerliche Regierungskonferenz eine Erweiterung nicht denkbar. Es ist zu hoffen, dass im Jahr 2004 die Ergebnisse erzielt werden können, die zu erreichen die Regierungskonferenz in Nizza nicht in der Lage gewesen ist.

Die „verbotene" Frage

Das Schweigen über die eigentliche Bestimmung der Europäischen Union hat, wie oben bemerkt, die Regierungskonferenz des Jahres 2000 geprägt und könnte auch den Konvent beeinflussen. Daher hierzu noch einige Bemerkungen.

1. Gleichgültig, wie man sich die Bestimmung, die Finalität der Europäischen Union vorstellt – zunächst hat man eine Frage zu be-

antwortet: *Wie weit* kann die Diskussion über diese Finalität der Europäischen Union gehen? Kann man die Finalität der Union derzeit, also in dieser Generation, angesichts der Probleme der Legitimität und des tiefen Wandels, in dem sich die Union befindet, „endgültig" definieren? Denken wir nur an die Erweiterung! Mit der Erweiterung fängt eine neue Epoche an. Und es ist noch ganz offen, wie die Europäische Union funktionieren wird, ob als einheitliche Union oder gespalten – mit hie einem „Kern" (Avantgarde, Direktorium usw.) und hie den „anderen", die lediglich zuschauen können? Und jedenfalls ist es *verfrüht, über eine endgültige Finalität zu sprechen.* Die Europäische Union kann im Augenblick nur als ein andauernder Entwicklungsprozess begriffen werden, dessen Ende sich heute weder zeitlich noch strukturell abzeichnet. Worüber man sprechen kann und auch sprechen sollte, ist, welche Spielregeln wir jetzt für die nächste Entwicklungsphase aufstellen sollen: Über die Spielregeln können wir sprechen, nicht aber über den Ausgang des Spieles. Denn bei der Erweiterung handelt es sich um einen geschichtlichen Prozess, über dessen Endergebnis etwas Definitives kaum zu sagen ist. Man sollte also lediglich fragen, nach welchen Kriterien sich die Arbeit in den Institutionen orientieren könnte.

2. Institutionen leben aus ihrer geschichtlichen Verwurzelung. Für die Unionsgrundordnung kann man den geschichtlich verbindlichen Rahmen in zwei Dimensionen sehen, die jeder institutionellen Gestaltung zugrunde liegen: Wie das Europäische Parlament in dem Bericht von Mendez de Vigo/Tsatsos[3] feststellt, ist die Europäische Union sowohl eine Union von Völkern als auch eine Union von Staaten. Man könnte sich sicher fragen, wo die praktische Anwendung jener Formel bleibt. Die Aufgabe liegt hierbei darin, mit Institutionen eine geschichtliche Wirklichkeit zu erfassen, die eine grundsätzliche Dualität aufweist. Das unitaristische Moment in Europa liegt im Hinblick auf Wirtschaft, Kultur, Geschichte, Religion usw. auf der Hand. Wir können von einem Europa sprechen – in dem allerdings eine Vielzahl von Staaten existieren und auch heute die Völker in ihrem jeweiligen Staat ihre Identität erkennen.

3. Staaten und Völker, das heißt souveräne Staaten und eine autonome Unionsgewalt, müssen zu einer institutionellen Kohärenz zusammengefügt werden. Die schwierige Aufgabe dabei ist es, für Eu-

[3] Entschließung, abgedruckt in: EuGRZ 1998, S. 69 Bericht ebd. S. 72 ff.

ropa Institutionen zu gestalten, die sowohl den Charakter einer Union von Völkern als auch den einer Union von Staaten widerspiegeln. Wie kann man das Prinzip der dualen Legitimation in institutionelle Strukturen umsetzen – und zwar so, dass diese Strukturen keine der beiden Legitimationsgrundlagen a priori favorisieren? Man konnte in der Regierungskonferenz 2000 sehr deutlich erleben, dass es Bereiche gab, für die die Staaten sofort die Einstimmigkeitsregel im Rat aufzugeben bereit waren, dass andererseits aber auch Bereiche so sehr die eigene Identität oder die vitalen Interessen der Staaten berührten, dass es indiskutabel war, jene Einstimmigkeit aus der Hand zu geben. Man hat also bei der Regierungskonferenz 2000 sowohl das Europa der Staaten als auch das der Völker sozusagen „live" erlebt. Deshalb sollte auch das Europäische Parlament das Organ der Völker sein, in dem das *Mehrheitsprinzip* gilt, der Rat dagegen das Organ der Staaten, in dem das Prinzip der *Gleichwertigkeit* (nicht die Gleichheit) der Staaten gilt. Das Europäische Parlament hat unnachgiebig seit der Mendez de Vigo/Tsatsos-Resolution institutionelle Formen verlangt, die der dualen Legitimation dienen.

4. Noch eine letzte Bemerkung zum Grundsätzlichen: Der Verfasser hat große Probleme mit der Diskussion um Bundesstaat und Staatenbund, über die man sich am Rande der Regierungskonferenz unterhalten hat. Bundesstaat und Staatenbund sind zwei Begriffe, mit denen man die Souveränitätsordnung in multistaatlichen Gebilden erfassen will. Wo also liegt die Souveränität – bei der Union oder bei den Mitgliedsländern? Mit dem Begriff Bundesstaat bzw. Staatenbund können wir hinsichtlich der Europäischen Union wenig anfangen. Ein Staatenbund sind wir in gewissem Sinne auch heute – aber noch viel mehr als das, denn wir haben darüber hinaus eine autonome Unionsgewalt mit unmittelbarer Auswirkung in den Staaten. Ein Bundesstaat hingegen bedeutet die Entstaatlichung der Mitglieder. Wir können grundsätzlich nicht über Europa diskutieren, *wenn wir Begriffe verwenden, die wir im nationalen Verfassungsrecht gelernt haben, die auf dieses angewendet werden und durch dieses geprägt wurden.* Denn Staat, Verfassung, Bundesstaat und Staatenbund sind Begriffe aus der europäischen Geschichte des Staates und der Verfassung. Die Europäische Union ist jedoch etwas wesentlich anderes und in dieser Form historisch noch nicht Dagewesenes. Wenn man aber versucht, mit historisch geprägten und definierten Begriffen zu arbeiten, um die Konstruktion „Europäische Union" zu beschreiben und ihre wei-

tere Entwicklung zu entwerfen, so kann bzw. könnte das nur zu Missverständnissen führen, keinesfalls aber zu Lösungen.

Der Nizza-Vertrag 2000

1. Nun zum Nizza-Vertrag und zu dem, was man seine Philosophie nennen kann. Diese Grundphilosophie, die man als Vertreter des Europäischen Parlaments bei der Regierungskonferenz 2000 erlebt hat, hat sich in der Diskussion über den Ausbau der Mitentscheidungsbefugnisse des Europäischen Parlaments gezeigt. Nach der Meinung des Parlaments sollte die Mitentscheidung des Europäischen Parlaments bei jedem legislativen Akt erforderlich sein. Dies ist jedoch mit Argumenten abgelehnt worden, die – zwar nicht ausdrücklich, aber doch sinngemäß – darauf hinausliefen, *dass die Mitwirkung eines Parlamentes zu viel Zeit kosten würde*! Daher sei lediglich von Fall zu Fall zu entscheiden, ob man die Mitentscheidungswünsche des Europäischen Parlamentes berücksichtigen solle. Mit anderen Worten: Die Effektivität verdrängt die Legitimation. Hier sieht man den Scheideweg, an dem man angelangt ist.

2. Wenn man jenes konkrete Argument – also den Zeitfaktor – grundsätzlicher zu sehen sucht, kommt man zu folgenden Überlegungen:

a) Es stellt sich die prinzipielle Frage, was man will und welche Spielregeln für die zukünftige Europäische Union die Geeignetsten sind. Soll das administrative Effektivitätsprinzip oder die politische Legitimation im Vordergrund stehen? Will man die Europäische Union als einen *effektiven, administrativen Apparat* oder als eine *politische Union* ausbauen? Politisch heißt in diesem Zusammenhang *demokratisch,* d. h. *voll legitimiert* in jeder einzelnen Aktion. Der zweite Weg ist zweifellos langsamer, der erste erlaubt schnellere Schritte. Natürlich sollten weitestgehend beide Ziele verfolgt werden, doch wo dies nicht möglich ist, stellt sich die Frage, welches Prinzip weiter auszubauen ist und in dubio den Vorrang hat.

b) In der Regierungskonferenz 2000 hat ein *administratives Verständnis* der Effektivität vorgeherrscht, während die Forderung des Europäische Parlaments, nämlich das Prinzip der dualen Legitimation mehr zu beachten, auf wenig Resonanz gestoßen ist. So brachte etwa der Vertrag von Nizza von den 87 Bestimmungen, die nach Amsterdam in den Gründungsverträgen noch einer einstimmigen Beschlussfassung durch den Rat unterworfen sind, mit Inkrafttreten des Vertrages oder zu einem späteren Zeitpunkt nach Ablauf längerer Fristen (im Bereich der Strukturfonds beispielsweise frühestens zum 1. 1. 2007) – teilweise nach einstimmigem Ratsbeschluss – einen Übergang zu Mehrheitsentscheidungen nur in ungefähr 30 Fällen, und zwar unter Ausklammerung der politisch sensibelsten Bereiche.

c) Die Lücken, die der Vertrag von Amsterdam in Bezug auf die demokratische Legitimation der Gemeinschaftsgesetzgebung noch gelassen hatte, *nämlich das Nebeneinander von Mehrheitsentscheidungen des Rates und Beschränkung des Parlaments auf Abgabe einer Stellungnahme* (insbesondere in der Agrarpolitik und der Wettbewerbspolitik einschließlich staatlicher Beihilfen), wurden nicht nur nicht beseitigt: Der Vertrag von Nizza hat sogar neue Fälle hinzugefügt (Zusammenarbeit mit Drittländern, Haushaltsordnung), in denen die Legitimationskette durch die nationalen Parlamente nicht ausreicht, weil der Rat mit Mehrheit entscheidet, und das Europäische Parlament die Legitimationslücke nicht wirksam schließen kann, weil es nur über ein Konsultationsrecht und nicht über das von uns gewünschte Mitentscheidungsrecht verfügt.

d) Betrachtet man als Erstes die abzählbare Liste der Vertragsbestimmungen, in der der Vertrag von Nizza in der Gemeinschaftsgesetzgebung zu einer Beschlussfassung mit Mehrheitsentscheidung des Rates und Mitentscheidung des Parlaments übergeht, *so bleibt das Ergebnis unbefriedigend.* Denn die Resultate von Nizza zur Beschlussfassung mit qualifizierter Mehrheit *vergrößern insgesamt das demokratische Defizit, statt es zu verringern,* da die Einführung der qualifizierten Mehrheit nicht immer von Zustimmungsbefugnissen des Europäischen Parlamentes begleitet wurde. Inakzeptabel ist auch, dass bei der Beschlussfassung über eine verstärkte Zusammenarbeit eine echte parlamentarische Legitimation auf europäischer Ebene durch ein Zustimmungsrecht nur dort vorgesehen ist, wo das Parlament an der Gesetzgebung nach dem Mitentscheidungsverfahren beteiligt ist.

3. Eine weitere Frage, die, obwohl vom Europäischen Parlament aufgeworfen, in der Regierungskonferenz nicht diskutiert wurde, ist, *wieweit die Menschen in den europäischen Staaten eine Entwicklung akzeptieren und mittragen, die sie nicht verstehen.* Wie lange dauert es, bis Reaktionen auftreten? Es gibt sie ja bereits: Man denke nur an die Beteiligung an den Europawahlen, die unter 50 Prozent gelegen ist (und

es steht zu fürchten, dass die Wahlbeteiligung noch weiter absinken wird), oder an das negative Referendumsergebnis von Irland! Kann man aber eine aus Staaten und zugleich aus vielen unitaristischen Elementen bestehende Ordnung, eine Ordnung, deren Unionsgewalt unmittelbare Wirkung auf jeden Einzelnen hat, ohne die Zustimmung oder auch nur ohne das Verständnis der Völker weiter aufbauen? Das ist keine ideologische, das ist eine pragmatische, eine politische und existentielle Frage.

4. Wenn es stimmt, dass die Europäische Union – zumindest nach heutigem historischen Stand – einer dualen Legitimation bedarf, d. h. einer Legitimation sowohl durch die Staaten als auch durch die Völker, und wenn die Institutionen sich dieser Logik anzupassen haben, dann ist doch das Parlament das *Organ der Völker* und der Rat das *Organ der Staaten.* Was aber ist hierzu die Antwort aus Nizza? Nizza gestaltet das Entscheidungsverfahren im Rat so, dass das herrschende Element das *Demographische* ist. Nach dem neuen, noch nicht in Kraft getretenen Nizza-Vertrag existieren drei Abstimmungen im Rat: Erstens muss die Mehrheit der einzelnen Staaten dafür sein; zweitens die Mehrheit der nach der Bevölkerungszahl gewichteten Stimmen der Staaten; und drittens die Mehrheit der Bürger der Europäischen Union selbst.

a) Der neue Mechanismus für die Stimmengewichtung verkompliziert das System der Ratsentscheidung, macht es noch intransparenter und entspricht insofern nicht den vom Europäischen Parlament verfolgten Kriterien. Zudem beschwört er aufgrund des dreifachen Schwellenwertes für das Zustandekommen einer qualifizierten Mehrheit die Gefahr einer Verlangsamung des Entscheidungsprozesses herauf.

b) Grundsätzlich ist gegen diese Lösung einzuwenden, dass sie in einer „Staatenkammer", wie es der Rat ist, das Bevölkerungselement überbetont – wird doch das demographische Element zweimal, das staatliche Element jedoch lediglich einmal berücksichtigt.

c) Allerdings wird, soweit vorhersehbar, dieser Abstimmungsmodus keine Blockadesitutationen erzeugen und auch in gewisser Weise das Gleichgewicht der Staaten in einer Union, das von jener bekannten Doppelnatur geprägt ist, bewahren. Im Ergebnis kommt es zu einem gewissen – wenn auch keinesfalls in allen Belangen befriedigenden – Interessenausgleich, der wenigstens teilweise sowohl den Belangen der größeren Mitgliedstaaten als auch den Befürchtungen der kleineren Rechnung trägt.

d) Ob der neue Mechanismus zu einem Effizienzverlust führt, wird letztlich davon abhängen, wie sich in der Praxis die politische These, dass die bloße Möglichkeit einer Mehrheitsentscheidung die Kompromissbereitschaft fördert, bewahrheitet und ob also das Auszählen von Stimmen in der Gesetzgebungstätigkeit des Rates auch künftig eher die Ausnahme bleiben wird. Es gilt aber festzuhalten, dass die Kumulation der verschiedenen Hürden insgesamt zu geringeren Anforderungen für Sperrminoritäten führt, was destruktiven Minderheiten – sollte es solche geben – das Blockieren erleichtert.

5. Die Regelung für die *Zusammensetzung des Europäischen Parlaments* trägt den demographischen Gegebenheiten nicht in dem Maße Rechnung, wie es das Parlament selbst gewünscht hatte, jedoch immerhin in größerem Ausmaße als in seiner bisherigen Zusammensetzung. Verfehlt ist insbesondere die Anhebung der Obergrenze der Sitzzahl auf 732, die übergangsweise sogar noch erheblich überschritten werden kann. Zudem ist die exakte Sitzverteilung unsystematisch, da sie der Kompensation der Stimmengewichtung im Rat in der Form eines unverständlichen und institutionell fälschenden Ausgleichsmechanismus' dient. Ferner entspricht die vereinbarte Sitzzuteilung nicht immer dem Grundsatz von Gleichheit und Demokratie.

6. Die neue Regelung über das Abstimmungsverfahren im Rat führt letztendlich natürlich zum *Übergewicht der großen Staaten* und auch zum Verlust einer Balance, die vorher zwischen großen und kleinen Staaten bestanden hat. Andererseits ist das Parlament auch *nicht absolut repräsentativ* gestaltet, denn man hat, um eine wirksame Partizipation der kleinen Staaten im Europäischen Parlament zu gewährleisten, diesen Staaten mehr Sitze gegeben, als ihnen aufgrund der Größe ihrer Bevölkerung zustehen würde. Auch hier besteht ein Widerspruch, an dem man sieht, dass es Momente in Nizza gab, in denen man den Eindruck gewinnen konnte, in der Regierungskonferenz fände ein „Kuhhandel" statt. Man hat nach dem Prinzip do ut des verhandelt. Damit ist die Logik der institutionellen Ordnung beeinträchtigt, denn bei einer solchen Vorgehensweise geht es natürlich gar nicht um eine duale Legitimation, eine rational aufgebaute Ordnung, in der Völker und Staaten in gleicher Weise das Geschehen zu bestimmen haben, sondern um eine Machtfrage. In dieser Art und Weise kann die Diskussion nicht weitergeführt werden.

7. Der Nizza-Vertrag hat natürlich auch Positives gebracht. Hierzu gehört u. a.:

a) Art. 191 EGV über die Europäischen Politischen Parteien. Diese Neuerung, deren politische Bedeutung über die Änderung bzw. Neuschaffung einer Vertragsbestimmung weit hinausgeht, kann eine wesentliche Vertiefung der demokratischen Dimension der Europäischen Union bewirken. Sie ist die Schaffung einer Rechtsgrundlage für den Erlass einer Rahmengesetzgebung für die Europäischen Politischen Parteien (einschließlich ihrer Finanzierung). Sie schafft die institutionellen Voraussetzungen für das Zustandekommen eines Europäischen Parteienrechts und beseitigt die Rechtsunsicherheit in Bezug auf die Europäischen Parteien, insbesondere was ihre finanziellen Aspekte angeht. Dies ist eine Ermutigung für die Entstehung und das Funktionieren von Europäischen Politischen Parteien.

b) Außerdem ist als positives Element Art. 7 EGV anzusehen, der die Absicherung von bestimmten demokratischen und rechtsstaatlichen Qualitäten der Rechtsordnungen der Mitgliedstaaten statuiert und mit vorbeugenden Maßnahmen stärkt.

c) Überdies ist die vorgenommene Stärkung der Stellung des Kommissionspräsidenten zu erwähnen, einhergehend mit einer – auf das Voranschreiten des Erweiterungsprozesses bezogen – relativen Verringerung der Zahl der Mitglieder der Kommission.

d) Ein weiterer Fortschritt ist eine Reform der Bestimmungen über den *Europäischen Gerichtshof*, die Zug um Zug mit den Erweiterungsschritten einige der notwendigen Anpassungen ermöglicht. Besonders erfreulich ist, dass die Gleichstellung des Europäischen Parlaments mit Rat und Kommission hinsichtlich des Klagerechts vor dem EuGH in Art. 230 EGV erzielt wurde.

Der Nizza-Vertrag 2000 in historischer Perspektive

1. Trotz dieser Reihe von positiven Bestimmungen bleibt der Eindruck, dass das Legitimationsverständnis durch das Effektivitätsverständnis empfindlich verdrängt wird. Das hat zur Folge, dass auch das institutionelle Gerüst nicht die Logik aufweist, die funktional für eine demokratische Europäische Union notwendig ist. Insgesamt greift der Vertrag von Nizza zu kurz. Er ist ein Bündel von Reformen, das in der Europäischen Unionsgrundordnung weder klare politische Verantwortlichkeiten noch einfache und verständliche Verfahren schaffen und möglicherweise sogar neue Gefahren heraufbeschwören

wird. Das Ergebnis ist letztendlich enttäuschend. Verdient er es deshalb, insgesamt abgelehnt zu werden? An dieser Stelle ist zweierlei zu unterscheiden: Die berechtigte Enttäuschung über das neue Vertragswerk ist ein politisches Werturteil, das mit voller Klarheit zum Ausdruck gebracht werden muss. Die Frage aber, ob der Vertrag deswegen Ablehnung verdient, zielt auf die politischen Folgerungen, und diese können nicht automatisch aus diesem Werturteil resultieren. Bei der Beschlussfassung über die politischen Folgerungen muss das Werturteil in seinen historischen Kontext gestellt und es muss eine sorgfältige Abwägung der Konsequenzen vorgenommen werden – wobei aber das Europäische Parlament nicht an politischer Glaubwürdigkeit einbüßen darf. Dazu sollen die im Folgenden entwickelten Gedanken einen Beitrag leisten.

2. Die Europäische Union ist ein Werk von der Art, dass die Frage nach seiner Vollendung falsch gestellt ist. Ähnlich den großen Kathedralen ist ihr Bau nie abgeschlossen, sondern ein fortwährender geschichtlicher Prozess. Nach den großen historischen Leistungen der Aufbauphase, der Schaffung eines einheitlichen Raumes des Gemeinschaftsrechts, der Herausbildung einer lebendigen institutionellen Ordnung, der Verwirklichung des Binnenmarktes und der Wirtschafts- und Währungsunion steht die Union in der Gegenwart vor ihrer ersten großen politischen Herausforderung: die geopolitischen Verhältnisse Europas nach dem Fall des eisernen Vorhanges aktiv mitzugestalten.

3. Die politische Antwort der Union auf diese Herausforderung ist der Erweiterungsprozess. Mit ihrer Entscheidung, allen demokratischen Staaten, die politisch und kulturell diesem Kontinent angehören, eine Beitrittsperspektive zu geben, hat sich die Union einem doppelten Zwang ausgesetzt: Nur wenn sie politisch handlungsfähig bleibt, ist sie für einen Beitrittskandidaten attraktiv; und nur wenn sie selbst ohne jeden Zweifel demokratischen Anforderungen genügt, kann die Union als Stabilisierungsfaktor für die Demokratien in Mittel- und Osteuropa wirken.

4. In der Geschichte des europäischen Raumes und der Entstehungsentscheidung der Europäischen Union (und der Gemeinschaften, auf die sie aufbaut) sind darüber hinaus Strukturprinzipien zum Tragen gekommen, über die die politische Willensbildung der Gegenwart sich nur um den Preis der Zerstörung des bisher Erreichten hinwegsetzen könnte und so die verfügbaren institutionellen Optio-

nen einengen müsste. Diese Strukturprinzipien prägen die Gestalt der Europäischen Union als einer Union von Völkern und von Staaten. Voraussetzung für die Akzeptanz aller Reformschritte ist ein Gleichgewicht bei der Weiterentwicklung der Völkerunion wie der Staatenunion. Das bedeutet insbesondere, dass Differenzierungen zwischen Staaten nach demographischen Gegebenheiten mit den Strukturprinzipien der Union durchaus vereinbar sind – aber nur so lange, wie die grundsätzliche Gleichwertigkeit aller Staaten erhalten bleibt und keine Hierarchie zwischen den Mitgliedstaaten der Union entsteht. Das bedeutet auch, dass bei jedem Reformschritt die Balance zwischen den bevölkerungsreichen und den kleineren Mitgliedstaaten jedes Mal neu hergestellt zu werden hat. Diese Zwänge gilt es zu bedenken, wenn es um die politischen Folgerungen aus der Enttäuschung über den neuen Vertrag geht.

5. An dieser Stelle sei vor der Versuchung gewarnt, die beiden Kriterien der Effizienz und der Legitimation gegeneinander auszuspielen. Durch demokratische Verfahren erzeugte Legitimation ist nicht ohne Zeitaufwand herzustellen. Die rascheste Entscheidung ist nutzlos, wenn anschließend die Unionsbürger gegen sie rebellieren. In diesem Spannungsfeld von Effizienz und Legitimität muss die Europäische Union ihr spezifisches Gleichgewicht finden, das ihrem Grundprinzip einer Union der Völker und der Staaten Rechnung trägt.

6. Wenige Tage nach Abschluss des Verhandlungsmarathons in Nizza herrschte unter den meisten Akteuren – und nicht zuletzt unter den beiden Repräsentanten des Europäischen Parlamentes, die eng an der Vorbereitung beteiligt waren – eine schmerzliche Enttäuschung. Diese Enttäuschung ist verständlich. Nach allen Argumenten, die vorgebracht, und allen Optionen, die untersucht worden waren, hatte sich ein Horizont institutioneller Reformforderungen aufgebaut, an dem gemessen die Ergebnisse von Nizza in der Tat mager und in zu vielen Punkten unzureichend sind.

7. Bei der Abwägung von positiven und negativen Elementen des Vertrages von Nizza ergibt sich daher eindeutig ein negatives Bild. Gemessen an den bisher formulierten Erweiterungsbedingungen ist die Union nach Nizza noch nicht oder allenfalls nur bedingt erweiterungsfähig. Damit würde die Union jedoch in eine dramatische Zwickmühle geraten. Würde sie die Erweiterung vollziehen, ohne selbst erweiterungsfähig zu sein, droht die Gefahr der Selbstzerstörung. Würde sie unter Verweis auf die Notwendigkeit weiterer in-

stitutioneller Reformen den Erweiterungsprozess verzögern, so würde sie gegenüber den Beitrittskandidaten völlig unglaubwürdig. Den einzig möglichen Ausweg aus dieser Zwickmühle scheint der im Vertrag von Nizza angelegte „Post-Nizza-Prozess“ zu bilden.

Von Nizza zum Konvent

1. Nun zu einer vorletzten Bemerkung. Es geht um die „Bankrott-Erklärung der Methode der Regierungskonferenz“. Die Regierungskonferenz ist als ein administratives und exekutives Verfahren nicht länger geeignet, einen Text zu entwerfen, den ein Bürger ohne Spezialkenntnisse verstehen kann. Das Parlament hat schon seit dem Mendez de Vigo/Tsatsos-Bericht vorgeschlagen (und seitdem ständig darauf bestanden), einen Konvent einzuberufen, in dem Politiker entweder Grundsätze oder einen Text entwerfen, der dann einer Regierungskonferenz vorgelegt wird. Der Nizza-Gipfel hat dem in seiner Erklärung Nr. 23 Rechnung getragen und die Einberufung eines Konventes vorgenommen, der über die künftige institutionelle Gestalt der Europäischen Union Vorschläge machen soll. So ergab sich die Post-Nizza-Entwicklung, die der Europäischen Union den Weg öffnet, sich zur Sache der Völker zu machen. Nur eine so angelegte politische Diskussion vermag zur Klärung der Begriffe – die ja in jedem Staat historisch anders belastet und geprägt sind – beizutragen, sodass eine Verständigung und das Erreichen gemeinsamer Ziele möglich sind. Denn dieses Gemeinsame kann nicht von der Exekutive und der Verwaltung des Rates herausgearbeitet werden – hier müssen sich die Parlamentarier bemühen. Ergebnisse wird es zwar nicht von heute auf morgen geben, aber es könnte ein Prozess beginnen, der zu einer neuen europäischen Verfassungssprache führt.

2. Die Vorschläge des Parlamentes sind nun zum Teil Wirklichkeit geworden. Am 28. Februar 2002 hat eine *sui generis* stark parlamentarisch besetzte europäische Versammlung ihre Arbeit aufgenommen, die in der Erklärung Nr. 23 des Gipfels von Nizza ihren Niederschlag findet. Aufgabe jener Versammlung ist es, der nächsten Regierungskonferenz Vorschläge über die zukünftige institutionelle Gestaltung der Europäischen Union vorzulegen.

3. Die wissenschaftliche und politische Ausstrahlung des Verfassungsbegriffes hat dazu geführt, dass viele von einer in Vorbereitung

befindlichen „Europäischen Verfassung“ und entsprechend von dem Konvent als „verfassungsgebende Versammlung“ sprechen. Dennoch ist sicher, dass in der nächsten Regierungskonferenz die europäischen Verträge einer Revision unterzogen werden, d. h., dass die Union nach wie vor als Rechtsgrundlage einen völkerrechtlichen Vertrag zwischen souveränen Staaten als Völkerrechtssubjekte haben wird. Zu hoffen ist vielmehr, dass die Europäische Union auf der Grundlage des Post-Nizza-Prozesses ihre heutige administrativ-bürokratische Konzeption zu Gunsten von politischen Strukturen aufgibt; zugleich wird der politisch besetzte Konvent dafür sorgen, dass die Europäischen Verträge durch eine verfassungskulturell geprägte Sprache den Bürgern etwas näherkommen werden. Sollte dies das Ergebnis der nächsten Regierungskonferenz sein, so könnte man sicher von einem „Verfassungsvertrag“, nicht aber von einer „Verfassung“[4] sprechen.

4. Das Ringen um einen genauen Terminus bzw. um den Unterschied zwischen „Verfassung“ und „Verfassungsvertrag“ stellt keine Begriffsreiterei dar. Hinter der Verwendung des Verfassungsbegriffes versteckt sich nicht immer, aber oft die Vorstellung eines Bundesstaates, mindestens eine Infragestellung der Natur der Europäischen Union in ihrer gleichwertig dualen Legitimationsgrundlage, nämlich als eine Union der Völker und der Staaten. Freilich kann man mit Worten alles machen – und Carl Schmitt hat ja bekanntlich in seiner Verfassungslehre alle denkbaren Gebrauchsweisen des Verfassungsbegriffes aufgezählt. Aber eine solche, die Geschichtlichkeit eines Begriffes ignorierende Relativierung seines Inhalts birgt *politische* Gefahren. Deshalb soll noch einmal wiederholt werden: Die wissenschaftliche Präzision schützt die Sachlichkeit der Politik; sie ist Bedingung für Transparenz und somit ein Gebot demokratischen Vorgehens.

5. Die Grundthematik des Konventes ist in der Nizza-Erklärung Nr. 23 vorgegeben: die Einbindung der nationalen Parlamente in den Willensbildungsprozess der Union, die Charta der Grundrechte, die Kompetenzaufteilung zwischen der Union und den Mitgliedstaaten und die Vereinfachung der Verträge. Dazu kommen naturgemäß die „left overs“, also das im Nizza-Vertrag unerledigt Gebliebene. Die Thematik kann allerdings durch den Konvent selbst ergänzt werden.

6. Es versteht sich von selbst, dass die Vorschläge des Konventes

---

[4] Inzwischen verwendet den Begriff „Verfassungsvertrag“ der Präsident des Konvents, Valéry Giscard d'Estaing.

für die nächste Regierungskonferenz unverbindlich sind. Die Staaten bleiben Herren der Verträge. Schon deshalb ist der Konvent keine „verfassungsgebende Versammlung“. Ein Pouvoir constituant mit unverbindlichen Entscheidungen wäre eine skurrile Novität! Trotzdem könnten die Vorschläge des Konventes eine Art partielle politische Verbindlichkeit entwickeln. Der Konvent hat durch seine stark parlamentarisch geprägte Besetzung die Chance, ein politisches Gewicht zu erhalten. Wenn seine Vorschläge präzise und realistisch werden, kann sie keine Regierungskonferenz völlig ignorieren.

7. Die Europäische Union ist ein Gebilde im Werden. Doch die in der Geschichte erst- und einmalige institutionelle Synthese von Multistaatlichkeit und Einheit kann ohne die Zustimmung der Völker nicht vorankommen. Der Integrationsprozess ist ein geschichtlicher Prozess und somit nur in dem Ausmaß voranzutreiben, als der Integrationswille, jedenfalls aber die Integrationstoleranz der Völker es zulassen. Beides – zu schnell oder auch zu langsam vorzugehen – ist dabei gleichermaßen von Übel.

Barbara Thomaß

Europäische Öffentlichkeit: Stand und Perspektiven eines notwendigen Konzeptes

Sowohl die Vorstellung von Europa als auch der Begriff der Öffentlichkeit sind mehrdeutig: Öffentlichkeit wird durch Medien konstituiert; aber auch Sport, Tourismus und Kulturereignisse konstituieren Öffentlichkeit. In diesem Aufsatz soll es um medial konstituierte politische Öffentlichkeit gehen. Europa hat seine Grenzen im Westen am Atlantik, die Lage der Grenze im Osten und Südosten ist dagegen nicht so eindeutig zu bestimmen. Häufig auch wird Westeuropa gemeint, wenn von Europa die Rede ist; aber längst sind – auch schon vor dem offiziellen EU-Beitritt – die mitteleuropäischen Transformationsstaaten politisch und kulturell in Westeuropa angekommen. Für das Folgende wird Europa als Zusammenhang der Länder begriffen, die in der Europäischen Union Mitglied sind. Dies ist als Konzept dynamisch genug, wenn man die Osterweiterung bedenkt, die in zehn Jahren die Zahl der Mitgliedstaaten von 15 auf 28 steigen lassen wird.

Vier Fragen sollen hier untersucht werden: Gibt es eine europäische Öffentlichkeit? Was müsste eine europäische Öffentlichkeit leisten? Wie könnte sie sich entwickeln bzw. gestaltet werden? Unter welchen Bedingungen könnte es sie geben?

Gibt es eine europäische Öffentlichkeit?

Dass die Europäische Union ein Öffentlichkeitsdefizit hat, gehört spätestens seit der Diskussion über die Maastrichter Verträge zu den Selbstbeschreibungen der Institutionen der EU (Tumber 1995: 512) und ist seitdem von diesen zu verschiedenen Anlässen häufig wiederholt worden, nicht zuletzt anlässlich der Verhandlungen zum Vertrag von Nizza im Dezember 2000.

In der Sozialwissenschaft sind die Einschätzungen zu dieser Frage ambivalent. Grimm meint, dass es „auf längere Sicht weder eine europäische Öffentlichkeit noch einen europäischen politischen Diskurs geben wird“ (Grimm 1995: 44), und Scharpf konstatiert: „Europa fehlen die politischen Diskurse“ (Scharpf 1999: 674). Nicht ganz so pessimistisch sind die Einschätzungen eines Hamburger Forscherverbundes: „nicht (...), dass es eine europäische Öffentlichkeit als eine konsistente und homogene bereits gebe. Im Gegenteil: Ausgangspunkt ist vielmehr die Überlegung, dass es angesichts der Verdichtung europäischer Strukturen auf dem Gebiet der Politik, der Wirtschaft und der Kultur eine Entsprechung auf der Ebene öffentlicher Kommunikation in Europa bedarf.“ (Hickethier 2000: 327)

Aber es werden auch Gegenstimmen laut, die alternative Interpretationen des vermeintlichen Öffentlichkeitsdefizits der EU – vor allem in den letzten fünf Jahren – liefern. Eder/Kanther kritisieren: „Die pauschale Unterstellung eines Öffentlichkeitsdefizits ist empirisch nicht gedeckt und theoretisch unfruchtbar.“ (Eder/Kanther 2000, S. 307) Ihrer Gegenthese nach seien in den letzten Jahren bereits mehrere öffentliche Debatten auf europäischer Ebene geführt worden; es gebe also empirische Anzeichen für eine Europäisierung der nationalen Öffentlichkeiten.

Wenn in diesem Beitrag von europäischer Öffentlichkeit die Rede ist, so wird damit – auch im Kontext des Themas Macht und Demokratie in Europa, in dem dieser Beitrag entstanden ist – das Konzept der politischen Öffentlichkeit bemüht, dem die Annahme zugrunde liegt, dass Kommunikation als stabilisierender Faktor einer demokratischen Gesellschaft wirkt. Öffentlichkeit wird dabei als Raum verstanden, in dem Bürger sich artikulieren und Interessen gegenüber der Politik ausdrücken sowie versuchen, diese zu beeinflussen und zu kontrollieren. Öffentlichkeit ist also öffentliche, d. h. in bestimmten Räumen allgemein zugängliche Kommunikation, die sich auf gemeinsame Themen bezieht und maßgeblich durch Medien vermittelt wird. Medien konstituieren Öffentlichkeit, weil sie darin als Informant und als Kontrolleur, als Plattform für Partizipation und Debatte, aber auch als Akteur wirken.

Mit dem Begriff der europäischen Öffentlichkeit wird dieses Konzept von der nationalen auf eine supranationale Ebene übertragen, und es umfasst dann die Strukturen und Prozesse öffentlicher Kommunikation in Europa, also auch die Rolle der Medien darin. Vor dem Versuch der Klärung, ob es europäische Öffentlichkeit bereits gibt, steht die Feststellung, dass sie notwendig erscheint, und dies aus drei Gründen:

– Der Ort der politischen Entscheidungen hat sich zunehmend vom Nationalstaat auf die europäische Ebene verlagert.

– Während die Europäische Union und die Europäische Kommission relativ undemokratisch agieren, ist das Europäische Parlament als demokratischer Kontrolleur zu schwach.

– Die ökonomische Sphäre transnationalisiert sich zunehmend, ohne dass ihr bislang politische Strukturen entsprächen.

Die Frage, inwieweit eine europäische Öffentlichkeit bereits existiert, soll anhand der Medienangebote und der Themen der öffentlichen Kommunikation geklärt werden. Außerdem liefern die Haltung der Europäer zu Europa sowie der Zustand der Institutionen und Akteure Hinweise zur Beantwortung dieser Frage.

Medienangebote und Themen der öffentlichen Kommunikation in Europa

Mit *The European* hat es ein anspruchsvolles Blatt gegeben, das europäische Themen für ein europäisches Publikum aufbereitete; es konnte sich jedoch nicht am Markt halten. Nun erscheint nur noch die Wochenzeitung *European Voice* mit ähnlicher Ausrichtung. *The Herald Tribune* wird von der politischen und wirtschaftlichen Elite in Europa gelesen, kann aber nicht als genuin europäische Publikation gelten. Mit *Arte* und *Euronews* (und auch *Eurosport*) werden Spartenprogramme mit europäischer Ausrichtung ausgestrahlt, doch sie senden durchweg mit sehr geringer Reichweite. Gemeinsam verantwortete Beilagen der Tageszeitungen *taz, Le Monde* und *El Pais* oder Kooperationen zwischen *Die Zeit* und *Le Monde* – wie zum Beispiel die Veröffentlichung eines Disputes zwischen Joschka Fischer und Jean-Pierre Chevènement über die Zukunft Europas im Juni 2000 – können als Keimzelle europäischer Öffentlichkeit gesehen werden. Zahlreich ist das Angebot von europäischen Medien im Internet – hier sei die Webseite der Freie Universität Berlin für einen ersten Überblick empfohlen[5]. Auch Seiten wie <www.europa-digital.de> – politisch neutrale Plattformen, die reichlich Informationsmaterial, aber auch Diskussionen und Meinungsumfragen bieten – sind hier zu nennen

[5] <http://userpage.fu-berlin.de/~dittbern/WWW_Media/Europe1.html#TOP>

(Kleinsteuber/Loitz 2001). Insgesamt aber werden in Europa noch keine Medien publiziert, die breite Publikumsschichten jenseits der politischen und wirtschaftlichen Eliten bedienen. Dieses Defizit ist – jenseits der mehr oder minder ausführlichen Europa-Berichterstattung der nationalen Medien – gravierend, weil nur europäische Medien eine integrierte Gesamtsicht zu bieten vermögen.

Betrachtet man, wie über Europa in den Medien berichtet wird, so fällt die Diagnose auch nicht viel vorteilhafter aus. Gerhards konstatiert, dass die mediale Beschäftigung mit Europa im Zeitraum von 1961 bis 1990 sogar leicht zurückgegangen ist, um dann in der letzten Zeitphase wieder auf das Niveau von 1961 bis 1965 zurückzukehren (Gerhards 2000). Insgesamt aber zeigt sich ein relativ gleichbleibendes Niveau der Bearbeitung von europäischen Themen in der nationalen medialen Arena der Bundesrepublik. Die Berichterstattung über Europa verläuft dabei in engen Grenzen, weil sie in der Regel über national ausgerichtete Nachrichtenkanäle erfolgt.

Die Schwierigkeiten, die zu überwinden sind, um Europa mehr Raum in den hiesigen Medien zu verschaffen, sind erheblich. Heimatredakteure sind von der Thematik oft überfordert – es soll noch politische Redakteure geben, die den Europarat mit dem europäischen Rat oder dem Ministerrat verwechseln. Europa ist traditionell das Themengebiet der Auslandskorrespondenten, dort konkurriert es aber mit (zum Teil dramatischeren) Geschehnissen aus aller Welt. Ein gängiges Ressortdenken bedingt, dass Europa in der Regel als Teil der Außenpolitik behandelt wird; innenpolitische Konsequenzen sind damit schwerer den bestehenden Ressorts zuzuordnen.

Europäische Zusammenhänge sind zu komplex, als dass sie leicht Eingang in die Nachrichtengebung finden würden. Nachrichten sind in den gängigen Medien aus Köpfen und Bildern gemacht, und Europa mit seinen komplexen, intransparenten Entscheidungsprozessen lässt sich noch weniger darauf reduzieren als andere politische Themen. Die Mehrheit der europäischen Nachrichten aber bezieht sich auf Verwaltungsentscheidungen, ist also nach gängigen Nachrichtenauswahlfaktoren eher langweilig.

Erschwerend kommt hinzu, dass durch die Kommerzialisierung der Medien mehr denn je ein nationaler Blickwinkel, eine Personality-Story oder ein skandalierendes Element notwendig sind, damit die Europaberichterstattung in den Heimatredaktionen aufgegriffen wird.

Weil die Kommissare der EU nicht gewählt werden, müssen sie nicht mit Transparenz und Information um öffentliche Akzeptanz und Wählbarkeit ringen, werden also als Persönlichkeiten mit Kompetenzen und Verantwortlichkeiten nicht erkennbar. Und letztlich fühlen sich Journalisten für die europäische Einigung (und eine Medienberichterstattung, die diese befördern könnte) nicht verantwortlich, wie sie ja grundsätzlich für nichts und niemanden Instrument sein wollen – und sollen.

So ist also Europa in den deutschen Medien lange bestenfalls in Form sarkastischer Kommentare vorgekommen. Wie über Europa in den verschiedenen Medien anderer Länder berichtet wird, ist bislang kaum untersucht worden. Eine Bericht des *European Institute for the Media* hat diese Lücke ein wenig geschlossen: Für zwei (nicht zusammenhängende) Wochen im Jahr 1999 wurde dort in acht europäischen Ländern[6] untersucht, wie über Europa berichtet wurde. Dabei wurden jeweils vier Zeitungen und die wichtigsten Nachrichtensendungen im öffentlich-rechtlichen und im kommerziellen Fernsehen berücksichtigt (Kevin 2001).

In dieser Zeit waren die wichtigsten Themen mit europäischem Zuschnitt: die Auseinandersetzungen im und um das Kosovo und die Wahlen zum Europaparlament, des weiteren vor allem Nachrichten aus Sport und (weniger) Kultur. Deutschland glänzte dabei mit den meisten europabezogenen Nachrichten, Italien schnitt am schlechtesten ab. Während sich die Printmedien, die nicht so stark auf Bilder angewiesen sind, auch so sperrigen Themen wie der europäischen Währungsunion oder der Gemeinsamen Außen- und Sicherheitspolitik widmeten, brachten die audiovisuellen Medien mehr Themen, die sich leichter bebildern lassen, wie den Dioxin- und den BSE-Skandal. Dabei wurden die EU-Nachrichten durchaus unterschiedlichen Ressorts zugeordnet: in Italien, Irland und Frankreich der Innenpolitik, in den Niederlande dagegen der Außenpolitik. In den anderen Ländern fand man dazu schon Mischformen. Welches die „bessere" europäische Lösung ist, lässt sich dabei gar nicht so leicht feststellen, denn die Zuordnung zu Innenpolitik kann – positiv – als Trend zur Europäisierung der nationalen Politik gewertet werden, aber auch – negativ – als Begrenzung, innerhalb derer Europa-Politik

---

[6] Frankreich, Deutschland, Irland, Italien, Niederlande, Spanien, Schweden, Großbritannien

nur unter nationalem Blickwinkel betrachtet wird. Hier müssten weitere qualitative Analysen folgen.

Auch eine Beurteilung der Themen der Berichterstattung ist nicht eindeutig zu leisten. So zeigte die Kosovo-Thematik zwar die nationalen Unterschiede, die im Hinblick auf die Vorstellung von einer gemeinsamen Sicherheitspolitik in Europa existieren, war aber insofern ein durchaus „europäisches Thema“; über die Wahlen zum Europaparlament – ein ebenso „europäisches“ Thema – wurde überall nur unter nationalen Aspekten berichtet, die Medien folgten damit den entsprechenden Wahlkampagnen. Bestenfalls eine vergleichende Berichterstattung, die zeigte, wie die Thematik der Wahl in anderen Ländern behandelt wurde, öffnete den Blick über die Grenzen hinaus. Unter den Wirtschaftsthemen war einzig die Einführung des Euro ein genuin „europäisches Thema“, betraf aber nur die Länder der Euro-Zone.

Eine europäische Öffentlichkeit – hier verstanden als eine Europäisierung der nationalen Medienagenden – hat also noch vor zwei Jahren nur in Ansätzen existiert. Dennoch wurde in der zweiten Hälfte der 1990er-Jahre zunehmend mehr über die EU in den verschiedenen nationalstaatlich verankerten Öffentlichkeiten berichtet (Gerhards 2001: 12). Zu den Themen gehörten unter anderem:

– die europaweite Diskussion über den BSE-Skandal,

– die Einführung des Euro,

– die Reaktionen auf den Eintritt der FPÖ unter Haider in die österreichische Regierung, die auch durch das Vorgehen der Außenminister eine europäische Dimension erhielten,

– die öffentliche Debatte über den an die Kommission gerichteten Korruptionsvorwurf, der zum Rücktritt der Santer-Kommission geführt hat,

– die Migrationspolitik,

– die Diskussion um Osterweiterung der EU.

Potenziell hätten auch die Diskussion über den Klimagipfel, in der sich Europa deutlich zu den USA abgegrenzt hat, oder die Vorstellung von Europa als Verteidigungszusammenhalt (z. B. angesichts der Konflikte auf dem Balkan) als europäische Themen konzeptioniert werden können; das ist aber durch die Tatsache erschwert worden, dass die europäischen Staaten auf beiden Politikfeldern sehr uneinheitlich agiert haben.

Verschiedene Autoren haben einige der genannten Themen zum Anlass genommen, den Verlauf der europäischen Mediendiskurse dazu zu analysieren. So ist Meyer zu dem Schluss gekommen, dass die europaweite Diskussion über die Korruption, die zum Rücktritt der Santer-Kommission geführt hat, als Anzeichen einer entstehenden europäischen Öffentlichkeit zu werten sei (Meyer 2000). Trenz hat die medialen Berichterstattung über die Korruptionskrise der Kommission in spanischen und deutschen Medien verglichen und dabei durchaus Parallelen gefunden (Trenz 2000): Er kann zeigen, dass es in beiden Ländern eine Synchronisation der medialen Thematisierung des Korruptionsvorwurfs gab, auch wenn die Interpretation und die Meinungsbildung in den beiden Ländern sehr unterschiedlich verlief. Van de Steeg hat die spanische und die niederländischen Berichterstattung über die Osterweiterung der EU mit zum Teil ähnlichen Ergebnissen untersucht (van de Steeg 2001).

Nun ließen sich die europäischen Mediendiskurse über die genannten Ereignisse auch lediglich als medienübliche Reaktionen auf Skandale interpretieren. Doch ob dem so ist oder ob diese Beispiele wirklich als Zeichen für einen Trend hin zu einer sich entwickelnden europäischen Öffentlichkeit zu deuten sind, wird sich wohl erst mit der Verstetigung einer Europaberichterstattung beantworten lassen. Bis dahin kann eine Beschreibung der Einstellungen der Bewohner Europas einen weiteren Hinweis zum empirischen Nachweis einer europäischen Öffentlichkeit liefern.

Die Haltung der Europäer zu Europa

Öffentlichkeit ist nicht nur auf Medienangebote angewiesen, sie konstituiert sich erst dort, wo sich Rezipienten für gemeinsame Themen interessieren. Zuschauer, Hörerinnen und Leserinnen sind aber nicht sonderlich an europäischen Themen interessiert; der Kenntnisstand zu europäischen Fragen ist eher gering, die Berichterstattung erreicht nur diejenigen, die ohnehin interessiert sind, nicht die Euroskeptiker. Das lässt sich aus dem jährlich erhobenen Eurobarometer schließen, das seit 1990 eine kontinuierliche Abnahme positiver Haltungen gegenüber EU/Europa feststellt. Allein einige wenige Befunde aus dem 54. Eurobarometer-Bericht vom Herbst 2000 machen dies deutlich[7]: Die Mehrheit der EU-Bürger befürwortet die Mitgliedschaft ihres

[7] <http://europa.eu.int/comm/dg10/epo/>

Landes in der Europäischen Union; 50 % sehen sie als eine gute Sache, aber immerhin 27 % haben eine indifferente Haltung zu ihr; 14 % sprechen sich gegen die Mitgliedschaft ihres Landes in der Europäischen Union aus. Das bedeutet, dass 41 % neutral bis negativ gegenüber der EU-Mitgliedschaft eingestellt sind. Das Vertrauen in die Europäische Kommission wächst langsam, wobei nun 46 % angeben, dass sie Vertrauen zu dieser Institution haben – was bedeutet, dass 54 % kein Vertrauen in die Europäische Kommission haben. Im Frühjahr 1999, kurz nach dem Rücktritt der Santer-Kommission, haben gar nur 40 % der EU-Bürger ihr Vertrauen in die Europäische Kommission bekundet. 52 % der EU-Bürger haben bei einer oder bei mehreren Wahlen zum Europäischen Parlament ihre Stimme abgegeben – 48 % haben also noch nie an einer Wahl teilgenommen. Vier von zehn Europäern sind mit der Funktionsweise der Demokratie zufrieden; ein gleicher Anteil (43 %) ist jedoch nicht sehr oder überhaupt nicht zufrieden.

Das Eurobarometer signalisiert also schlechte Stimmung; darüber hinaus ist das Maß der Unkenntnis darüber, wie die Union regiert wird, nach Auffassung französischer Forscher „bestürzend" (*Frankfurter Rundschau* vom 26. 7. 2001: 3). So glauben 30 %, dass der Großteil des Haushaltes der Europäischen Union für die Bezahlung von Beamten, Konferenzen und Gebäuden verwendet wird, während die Verwaltungskosten tatsächlich nur 5 % des gesamten EU-Haushaltes ausmachen. Diese Befunde sind insofern kontraproduktiv für die Entstehung einer europäischen Öffentlichkeit, als Interessiertheit und Informiertheit als Voraussetzung einer teilhabenden Öffentlichkeit angesehen werden müssen.

Dennoch ist festzuhalten, dass ein solcher Euroskeptizismus in Deutschland nicht originär der Medienrezeption anzulasten ist, sondern dass die Institution selbst Imageprobleme hat: Die EU wird eher negativ wahrgenommen – als ein bürokratischer Organismus mit weltfremden Entscheidungen und Überregelungswut. Zudem befürchtet man in Deutschland, als Zahlmeister missbraucht zu werden. Lange Zeit war die Angst vor dem Verlust der DM umgegangen, die immer noch als identitätsbildendes Element angesehen wurde – schließlich wurde ihr das „Wirtschaftswunder" zugute gehalten. Verbreitet ist auch Unsicherheit und Ängstlichkeit gegenüber den Prozessen der EU-Erweiterung. Eine uninteressierte, eher negative Haltung zu Europa trifft also auf eine skeptische Berichterstattung – und umgekehrt. Beide beeinflussen einander – nicht zum Vorteil einer europäischen Öffentlichkeit.

Letztlich sind auch die Vorstellungen davon, was Europa eigentlich als Staatengebilde darstellen könnte, so divergierend, dass daraus schwerlich so etwas wie eine europäische Identität geformt werden kann (auf diesen Begriff wird weiter unten noch eingegangen). Diese wird zwar immer wieder beschworen, gesucht, bestenfalls als kulturelle Vielfalt beschrieben – doch als Bezugspunkt einer kollektiven Identität ist sie kaum existent. Während man in Großbritannien das Ziel weiterer Integration gerade einmal als einen losen Staatenbund denken mag, herrscht in Deutschland die Vorstellung einer „Bundesrepublik Europa" vor; und in Frankreich – als weiteres Beispiel – dominiert die Vorstellung von einem starken Europastaat.

Für das mangelnde Interesse an Europa lassen sich aber noch vielschichtigere Gründe finden – sie liegen bei den Institutionen und bei den Akteuren.

Institutionen und Akteure

Zuvorderst ist hier das viel diskutierte Demokratieproblem zu nennen, also die Tatsache, dass es den Entscheidungen auf der EU-Ebene an politischer Legitimation mangelt. Die Konzentration der Entscheidungsgewalt beim Ministerrat, die Zusammenfassung einer Initiativ-, Exekutiv- und Kontrollfunktion bei der Kommission und auch die unzulänglich entwickelten Funktionen und Befugnisse des europäischen Parlamentes, die ihm von den nationalen Parlament übertragen worden sind, ohne dass ihnen entsprechende Rechte entsprächen – all das führt zu einem erheblichen Demokratiedefizit. Alle drei Institutionen sind zudem relativ träge und sperrig gegenüber demokratischen Erneuerungen. Erschwerend kommt hinzu, dass es keine europäische Parteien, sondern nur nationale Parteien gibt, die in acht heterogenen Fraktionen zusammengeschlossen sind.

In diesem Zusammenhang sei daran erinnert, dass die EU von ihren Vorläufern – Montanunion, Europäische Wirtschaftsgemeinschaft, EG – zunächst als ein wirtschaftliches Projekt geplant gewesen ist: Zunächst sollte die wirtschaftliche Integration geleistet werden, der dann die politische Integration folgen würde – so lautete noch die Philosophie des EWG-Vertrages. Die Folge dieser Prioritätensetzung war eine Vernachlässigung der Maßnahmen zur politischen Integration. Nun wirken im Hintergrund der offiziellen Institutionen – und oft geschmeidiger als diese – informelle Netzwerke, deren Bedeutung in Zukunft noch größer werden könnten – was aber eher zum bestehenden Demokratiedefizit beitragen als zu seinem Abbau führen würde.

Die Lösung des Demokratieproblems wird mittel- bis langfristig in der Ausarbeitung einer Europäischer Verfassung gesehen (siehe unten). Kurzfristig soll der Plan des Kommissionsvorsitzenden Romani Prodi greifen, der die EU dem Bürger näher bringen will, indem die europäischen Gesetzestexte und Verfahren entrümpelt, Entscheidungsverfahren offener gestalten und gestrafft werden und eine Debatte über die Distanz zwischen Europa und seinen Bürgern angestoßen wird (Europäische Kommission 2000)[8]. In dem Weißbuch über Europäisches Regieren („European Governance“), das diese Vorschläge enthält, wird nachdrücklich darauf hingewiesen, dass die Zivilgesellschaft in die Entscheidungsverfahren einbezogen werden soll; allerdings sind nur Konsultationen von Nichtregierungsorganisationen vorgesehen. Des weiteren sollen – statt detaillierter Vorschriften – Rahmenrichtlinien helfen, die derzeit 80.000 Seiten von Verträgen, Richtlinien und Verordnungen zu reduzieren. Die Unlesbarkeit all dieser Dokumente wurde schon als Symptom für die Undurchschaubarkeit der Union gedeutet.

Die Prinzipien des Planes zu einem europäischen Regierungsumbau, den Prodi schon Ende des letzten Jahrzehnts angekündigt hat, werden wie folgt gefasst:

Offenheit:	Information über Strukturen der EU
Partizipation:	Einbeziehung lokaler und regionaler Verwaltungen; systematischer Dialog mit Gruppen der Zivilgesellschaft
Verantwortlichkeit:	Klarere Kompetenzzuweisungen
Effektivität:	Treffen und Umsetzung politischer Entscheidungen
Schlüssigkeit:	Größere Verständlichkeit der politischen Ziele

Es liegt auf der Hand, dass sich daraus auch neue Zielkonflikte ergeben können, so z. B. zwischen der Schnelligkeit von Entscheidungen

8 <http://europa.eu.int/comm/governance/work/de.pdf>

und der allseitigen Beteiligung. Ende 2002 soll zu den genannten Vorschlägen ein durchstrukturiertes Reformpapier vorliegen. Es könnte sicherlich ein lohnendes Unterfangen für viele Organisationen sein, dieses Dokument über europäisches Regieren zum Anlass für eine Beteiligung an der Diskussion über die Reduktion des europäischen Demokratiedefizites zu nehmen.

Nicht nur die Strukturen der EU sind eher öffentlichkeitshinderlich, auch die Öffentlichkeitsarbeit der EU selbst stellt noch erhebliche Hürden bereit (Gramberger 1997). So kann das Europäische Parlament mit seinen eher geringen Einflussmöglichkeiten kaum eine direkte Verbindung zu Bürgern und Wählerinnen aufbauen. Der Rat arbeitet gern hinter verschlossenen Türen, in der Regel werden nur Ergebnisse bekannt gegeben, es mangelt an Transparenz über Verfahren und Kompetenzen. Nur die nationalen Regierungen vermitteln die jeweiligen Ratsentscheidungen. Die Tatsache, dass nach jeder Ratstagung getrennte Pressekonferenzen der nationalen Minister für die jeweils nationalen Medienvertreter stattfinden, spricht für sich. Und wenn Informationskampagnen zur EU durchgeführt werden, dann sind es die jeweiligen nationalen Regierungen, die sie organisieren. Die Europäische Kommission hat zwar eine eigene Öffentlichkeitsarbeitsabteilung, diese kommuniziert aber nicht sehr aktiv.

Auch so genannte intermediäre Akteure, die eine Verbindung zwischen Bürgern und EU-Institutionen herstellen könnten, sind kaum entwickelt. Parteienzusammenschlüsse bestehen als Kooperationen nationaler Parteien, aber es existieren keine europäischen eigenständigen Organisationen. Bürgerinitiativen von europäischem Zuschnitt gibt es nur in geringer Zahl, meist grenzüberschreitend im regionalen Raum. Als eine Ausnahme könnte die Umweltschutzorganisation Greenpeace gesehen werden; sie ist jedoch weltweit organisiert und in ihren Kampagnen auch entsprechend ausgerichtet.

Ein Novum stellt die Bewegung gegen Globalisierung dar, die anlässlich des Wirtschaftsgipfels in Genua neben der weltweiten Dimension auch einen europäischen Schwerpunkt bekam. Nicht zuletzt durch die gewalttätige Vorgangsweise der italienischen Polizei und durch die Reaktionen in den europäischen Ländern darauf ist hier so etwas wie der Keim einer europäischen Öffentlichkeit sichtbar geworden. So forderte der deutsche Grünen-Parlamentarier Hans-Christian Ströbele ein europäisches Demonstrationsrecht; und der Europa-Abgeordnete Daniel Cohn-Bendit las den deutschen Grünen die Leviten, weil sie sich zuwenig um die Thematik der Globalisierungsgegner kümmerten. Insgesamt herrscht jedoch das Bild vor, dass die jeweiligen politischen Akteure in ihren Handlungen und Äußerungen zu national ausgerichtet sind.

Medienkonzentration, Medienmogule und deren Interessen

Das Bild von den Akteuren auf europäischer Ebene wäre unvollständig, würde man hier die Medienwirtschaft ausklammern. Es ist jedoch müßig, von einem europäischem Medienmarkt zu sprechen: Der Markt ist global, in den letzten Jahren haben viele Megafusionen den Trend zur Reduzierung von Anbietern forciert. Es herrscht ein Oligopol global operierender, strukturell vernetzter und ökonomisch potenter Konzerne.

Diese Konzerne müssen sich nun aber ihrerseits einer neuen Herausforderung stellen (Thomaß et.al. 2002). Durch das fortschreitende Zusammenwachsen von Telekommunikation, Informatik und traditionellen Medien – die so genannte Konvergenz – ergeben sich neue Bedingungen. Konvergenz findet dabei zunächst in technischer Hinsicht statt (Endgeräte vereinen unterschiedliche, bisher getrennte Funktionen, z. B. Fernsehempfang über den Computer), betrifft dann ganze Industrien (Unternehmen expandieren in andere Branchen) und ergreift auch die Märkte. In der konvergierenden Medien- und Kommunikationslandschaft ergeben sich neue Verwertungsketten, auf die sich die Unternehmen einstellen müssen. Das hat zur Folge, dass globale Medienkonzerne mit konkurrierenden Anbietern aus bisher getrennten Bereichen auf ihren Märkten zu rechnen haben oder dass sie selbst neue Märkte erschließen müssen. So ist der weltweit größte Medienkonzern *Time Warner Inc.*, der bisher in allen klassischen Medienmärkten aktiv gewesen ist, nun auch in die Bereiche Telekommunikationsdienste und Telekommunikationsnetze eingedrungen. Demgegenüber hat sich der zweitgrößte *player*, die *Viacom Inc.*, zu dem unter anderem der in über 100 Ländern ausgestrahlte Musiksender *MTV* gehört, bislang nur im Internet weiter vorgewagt und ist dort zu einem weltweit führenden Anbieter von Musik-Websites geworden. In der Telekommunikation ist er noch nicht tätig. Der drittgrößte Konzern, die *Walt Disney Company*, die bislang vor allem Programmproduktion und Programmabsatz integrierte, hat das Internet als neue Absatzstrategie für ihre Produkte entdeckt. Und *Bertelsmann*, der *global player* deutscher Herkunft, der in allen klassischen Medienteilmärkten aktiv ist, entwickelt eine komplette Wertschöpfungskette im Multimediasektor als dem Geschäftsfeld, dem er die größten Zukunftschancen einräumt (Sjurts 2000). Mit diesen Strategien konkurrieren die Medienunternehmen einerseits mit den Telekommunikationskonzernen (AT&T, Deutsche Telekom), die traditionell als Netzbetreiber – auch international – aktiv sind, andererseits mit Unternehmen aus der Informationstechnologie, die ihrerseits beginnen, in die Medienbranche einzudringen (Microsoft). Aufgrund der kostenaufwendigen Strategien bei der Eroberung jeweils neuer Märkte gehen die Konzerne zunehmend dazu über, eine Kombination aus Wettbewerbs- und Kooperationsstrategien zu wählen, die die Zusammenarbeit in Teilmärkten mit Unternehmen, die sonst Konkurrenten sind, möglich macht.

Die beschriebenen Tendenzen werden sich in Zukunft noch verstärken und zu einer noch stärkeren Einbindung der jeweils nationalen Medienunternehmen in den globalen Markt führen. Medieninhalte werden in solchen weltweit konvergierenden und integrierten Wertschöpfungsketten vor allem im Hinblick auf ihre optimale Verwertbarkeit in möglichst vielen Medien- und Dienstangeboten betrachtet, und nicht im Hinblick auf ihre Leistung für Öffentlichkeit.

Was das Funktionieren von Öffentlichkeit betrifft, stellen diese Konzentrationsprozesse, so ist zu befürchten, eine Gefahr für die Vielfalt der Medienangebote, der Informationen und der redaktionellen Angebote dar – denn man darf hier nicht Vielzahl mit Vielfalt verwechseln. Schon 1993 hat das *European Institute for the Media* festgestellt, dass es die privaten Medien versäumt hätten, eine größere Innovation und Vielfalt einzuführen (Sánchez-Tabernero 1993: 153). Die Folgen für Öffentlichkeit lassen sich in vier Bereichen beobachten:

– Die Zahl der Sender und Gesamtsendezeit in allen kommerzialisierten und konzentrierten Märkten ist gewachsen.

– Eine Konzentration von Medien- und medienfremdem Kapital bedeutet zunehmende Interessenverflechtungen.

– Eine Anpassung der Produkte an Konsumentenbedürfnisse erfolgt nur insoweit, als sie Gewinne einbringen; monopolistische Positionen erlauben zudem, Konsumentenwünsche zu ignorieren; Minderheitenangebote gehen verloren.

– Es findet eine Schwächung von Verbraucher- und Mediawatchorganisationen statt.

– Durch die Einführung von neuen Geschäftsmodellen wie z. B. PayTV, wird Fernsehen teurer.

Bemerkenswert am Medienmarkt sind dessen Akteure, die Medienmogule: Berlusconi, Kirch, Murdoch – Unternehmerpersönlichkeiten, die Medienimperien internationalen Zuschnitts geschaffen haben, die sich in der Öffentlichkeit inszenieren, den Kontakt zur Politik suchen, selbst aber ausgesprochen öffentlichkeitsscheu agieren (Kleinsteuber/Thomaß 1996). So bereitete es bis zum Zusammenbruch des Konzerns erhebliche Schwierigkeiten, etwas über Geschäftsinterna von Kirch – z. B. Informationen über alle Verflechtungen – zu erfahren. Eine Steigerung erfährt diese geballte Medienmacht durch die Verflechtung von Medien- und medienfremdem Kapital, wie sie z. B. mit der Rüstungsindustrie in Frankreich oder mit der Bauindustrie in Italien vorliegt. Und eine weitere Steigerung stellt die personelle Verflechtung von Medien und Politik dar, wie sie mit Silvio Berlusconi als Ministerpräsident gegeben ist: Berlusconi hat indirekt alle italienischen Mainstreammedien unter sich – seine eigenen Mediaset-Kanäle und die konkurrierenden Sender des öffentlichen RAI; Berlusconi beherrscht zirka 65 % des Fernsehmarktes und 39 % des Gesamtwerbemarktes; 1994, als er zum ersten Mal zum Präsidenten gewählt wurde, ist er sofort in eine verschärfte Auseinandersetzung um die Kontrolle über die RAI eingestiegen – was parallel zu den Korruptionsvorwürfen geschehen ist, die gegen ihn erhoben wurden. Dass die öffentlichkeitsherstellende Funktion von Medien, dass Transparenz und Aufklärung unter solchen Bedingungen erheblich erschwert sind, liegt auf der Hand.

Wenn im Medienangebot Oligopol- oder Monopolstellungen erreicht werden, leidet darunter die Qualität der Öffentlichkeit, weil die Breite des Diskurses eingeschränkt wird und kritische Stimmen nicht mehr zu Wort kommen können. Das Aufgreifen von unterschwelligen Strömungen, Problemen und Ideen liegt nicht im Interesse der entsprechenden Vermarktungsstrategien. Von Seiten des politischen Systems ist es ein gravierendes Problem, diese großen Medienkonglomerate zu kontrollieren, geschweige denn ihnen Angebote abzuverlangen, die einer demokratischen Medienordnung verpflichtet oder öffentlichkeitsdienlich sind (abgesehen davon, dass hierzu auch zu Recht erhebliche verfassungsrechtliche Bedenken bestünden).

Werden Medien in einem Kurzschluss ohne Differenzierung der Öffentlichkeit zugerechnet, so geht eines verloren: die Unterscheidung von öffentlicher und kommerzieller Sphäre – „Public sphere and the commercial realm" (Mc Chesney 1999: 279). Öffentlichkeit übersetzt Mc Chesney mit „informed public participation" (ebd. 281), die Akteure sollen informierte, aktive Teilnehmer der Demokratie sein. Dafür sind sie auf Medien angewiesen, die über wesentliche politische Inhalte berichten. Ein Mediensystem, das – so Mc Chesney – dem ideologischen Diktat des Business unterworfen ist, ist dazu aber nicht in der Lage.

Zur Sicherung der Vielfalt und zur Gewährleistung einer funktionierenden Öffentlichkeit wäre also eine nationale und internationale Medienregulierung erforderlich; diese ist aber nur in Ansätzen in Sicht.

Aus diesem Grund erhält ein anderer Medienakteur Gewicht: der öffentlich-rechtliche Rundfunk – auf europäischer Ebene besser mit seinem internationalen Gattungsnamen *Public Service Broadcasting* bezeichnet. Denn nur ein Rundfunk, der nicht kommerziellen Interessen dient, kann wirklich dazu beitragen, Öffentlichkeit im Sinne einer informierten partizipierenden Öffentlichkeit zu schaffen. Dazu ist er in der Lage, weil (bzw. vorausgesetzt, dass):

– eine wie auch immer geartete Form sozialer Verantwortlichkeit gegenüber der Öffentlichkeit bzw. ihren Vertretern gegeben ist, die durch administrative Strukturen sichergestellt wird;

– eine (teilweise) öffentliche Finanzierung vorliegt, die allerdings Einnahmen aufgrund von kommerziellen Aktivitäten nicht ausschließt; Gewinnmaximierung ist ausgeschlossen, Gewinne müssen ausschließlich wieder den definierten öffentlichen Dienstleistungen zugute kommen;

– eine Regulierung des inhaltlichen Angebotes vorgenommen wird, hinsichtlich Ausgewogenheit, Unparteilichkeit, Berücksichtigung von Minderheiteninteressen; Verbot bestimmter Formen von Werbung, von Gewalt und Pornographie im Programm;

– ein universales Angebot erstellt wird, das alle Rezipienten erreicht und sie als Bürger, nicht nur als Konsumenten, anspricht;

– ein reguliertes Angebot mit Begrenzung der Zahl der angebotenen Kanäle im Sinne der legitimen kulturellen und gesellschaftlichen Ziele des Public Service gegeben ist (Brants/Siune 1992: 102).

Auf europäischer Ebene haben sich diese Vorstellungen beispielsweise in der Erklärung der Ministerkonferenz des Europarates in Prag 1994 niedergeschlagen, in der gefordert wird, Public Service solle

– durch seine Programmgestaltung einen Bezugspunkt für alle Mitglieder der Öffentlichkeit und einen Faktor für sozialen Zusammenhalt und Integration für alle Individuen, Gruppen und Gemeinschaften bieten,

– ein Diskussionsforum bieten,

– unparteiische und unabhängige Nachrichten senden,

– ein pluralistisches, innovatives und vielfältiges Programm entwickeln, das hohen ethischen und Qualitätskriterien Genüge tut,

– Programme und Angebote für ein breites Publikum bieten und zugleich für die Bedürfnisse von Minderheiten offen sein,

– die verschiedenen philosophischen und religiösen Überzeugungen in einer Gesellschaft widerspiegeln,

– aktiv zur Vielfalt des nationalen und europäischen kulturellen Erbes beitragen (Europarat 1994).

Seit Anfang der neunziger Jahre jedoch ist Public Service nicht mehr das dominierende Element, sondern nur ein Element unter vielen in der jeweiligen nationalen Rundfunklandschaft (Siune 1998: 1). Er ist – angesichts des ökonomischen Paradigmas des Wettbewerbs, das die Existenz der kommerziellen Säule nicht weiter hinterfragt – in die Defensive gedrängt worden, obwohl – zumindest in Deutschland – das Bundesverfassungsgericht den öffentlich-rechtlichen Rundfunk als das Primäre, den kommerziellen Sektor dagegen als das abhängige Element definiert hat (Hoffmann-Riem 1994).

Ein der Öffentlichkeit verpflichteter Rundfunk steht vor einem grundsätzlichem Dilemma: Er muss gesetzlich vorgeschriebene Programmleistungen erbringen, z. B. Minderheiten berücksichtigen und zur Integration der Gesellschaft beitragen (s. o.). Wenn sich jedoch relativ wenig Zuschauer solchen Angeboten zuwenden, müssen die Veranstalter Kritik an mangelnder Massenattraktivität und damit Wettbewerbsfähigkeit aushalten. Auf der anderen Seite gereichen dem Public Service Zuschauererfolge ebenso zum Nachteil, weil diese die mangelnde Unterscheidbarkeit zu kommerziellen Sendern belegen und damit die Überflüssigkeit des öffentlich-rechtlichen Fernsehens beweisen würden.

In den letzten fünfzehn Jahren sind zahlreiche neue Kanäle entstanden, die meisten jedoch im kommerziellen Sektor. Deutschland und Frankreich, wo mit Arte, Phoenix und 3Sat neue öffentlich-rechtliche Spartenkanäle entstanden sind, stellen im europäischen Vergleich eher die Ausnahme dar.

Zahl der landesweiten Fernsehsender in Europa (1980/1990/1997)

(die mehr als 50 Prozent der Zuschauer erreichen)

	1980		1990		1997	
	öffentlich	kommerziell	öffentlich	kommerziell	öffentlich	kommerziell
Belgien	4		4	2	4	4
Dänemark	1		2		3[a]	2
Deutschland	3		4	4	5	9
Finnland	2		2	1	2	2
Frankreich	3		3	3	3	3
Griechenland	2		3	4	3	5
Großbritannien	2		2	2	2	3
Irland	2		2	(1)[e]	2	
Italien	3		3	6	3	6
Luxemburg		4		2 (4)[b]		3 (4)[c]
Niederlande	2		3	1	3	6
Norwegen	1		1		2	3
Österreich	2		2		2	
Portugal	2		2		2	2
Schweden	2		2		2	3
Schweiz	3		3		4	
Spanien	2		3[d]	3	3[d]	3

[a] DR TV2 startete im Oktober 1996.

[b] Zwei Sender befinden sich zwar in Luxemburg, strahlen aber nur in andere Länder.

[c] Zwei Sender zielen auf lokale Rezipienten, fünf in andere Länder, von denen einer auch viel in Luxemburg gesehen wird (das deutsche RTL).

[d] Die regionalen Sender erreichen zusammen das gesamte Land.

[e] Ein kommerzieller Sender sollte eingerichtet werden, der designierte Veranstalter war aber nicht in der Lage, die entsprechenden finanziellen Mittel aufzubringen.

(Quelle: Siune/Hultén 1998)

In Zukunft wird sich die Rolle und Form des öffentlichen Rundfunks aufgrund der neuen Verbreitungstechniken und einer Fülle von neuen Programmen und Diensten verändern, und möglicherweise wird er noch mehr Zuschauer verlieren, als er ohnehin schon verloren hat.

Fassen wir bis hierher die Tendenzen zusammen – um eine Antwort auf die Frage zu versuchen, ob es eine europäische Öffentlichkeit gibt: Es existieren nur wenige europäische Printmedien. Presseagenturen sind potenziell transnational. Im Rundfunkbereich gibt es ebenfalls nur wenige, zudem wenig erfolgreiche europäische Angebote; es lässt sich aber eine Zunahme europäischer Themen beobachten. Die Haltung der europäischen Bürger der EU gegenüber ist eher skeptisch bis uninteressiert. Auf der Ebene der Akteure und Institutionen fördert die Politik eine europäische Öffentlichkeit nicht; diese sind generell skeptisch gegenüber Öffentlichkeit. Kommerzielle Medienkonzerne sind an Europa nicht interessiert, öffentlich-rechtliche agieren bislang in nationalem Rahmen und sind auf europäischer Ebene eher schwach vertreten. Eine europäische Öffentlichkeit ist also nur in sehr zarten Ansätzen zu erkennen, die Vorzeichen sind denkbar schlecht.

Was müsste eine europäische Öffentlichkeit leisten? Zwei begriffliche Exkurse

Betrachten wir demgegenüber ein normatives Modell von Öffentlichkeit – um daraus möglicherweise Visionen, zumindest aber Kriterien für eine europäische Öffentlichkeit zu gewinnen. Jürgen Habermas, der seit vier Jahrzehnten an einer Konzeptionierung von Öffentlichkeit arbeitet, liefert drei solcher zentralen Kriterien, entsprechend den drei Fragen, die er an sie stellt (vgl. Gerhards 1997):

a) Wer hat an der Öffentlichkeit teil?

Habermas fordert, dass es auch die Zivilgesellschaft sein soll, Bürger und bürgernahe Gruppierungen der Zivilgesellschaft, die rückgekoppelt sind an die Interessen und Erfahrungen der Bürger.

b) Wie wird innerhalb dieser Öffentlichkeit kommuniziert?

Hier führt Habermas das Kriterium der Diskursivität an: Positionen zu Themen sollen mit *Argumenten* begründet werden; die Bezugnahme auf die Argumente der anderen Akteure und die Rationalität einer Debatte sollen gewährleistet sein.

c) Wie ist die Qualität der Debatte?

Das ideale Resultat einer Diskussion besteht nach Habermas in einem diskursiv geprüften Konsens, zumindest in einer diskursiv abgeschliffenen Mehrheitsmeinung: „Eine gute Öffentlichkeit im Sinn des deliberativen Modells umschließt hingegen die bürgernahen Gruppierungen der Zivilgesellschaft, sie wird auf der Basis von Argumenten und im Dialog miteinander geführt. Dies ist die Voraussetzung dafür, dass es zu Deliberationsprozessen kommen kann, die wahrscheinlich nicht zu einem Konsens, wohl aber zu einer Annäherung der Kommunikationspartner führen können.“ (Gerhards 2001: 6)

Ob die Medien die hier genannten Qualitäten auf europäischer Ebene realisieren können, ist aufgrund ihrer bisherigen Leistungen sehr fraglich. Zudem wird oft die Gegenargumentation ins Feld geführt, nämlich dass sich das goldene Zeitalter des Nationalstaates überlebt habe, womit die historische Voraussetzung für Öffentlichkeit, wie sie bei Habermas entwickelt worden ist, nicht mehr gegeben sei: Es gäbe kein großes Publikum, keine allgemeine „holistische“ Öffentlichkeit mehr; Öffentlichkeit als Sphäre zwischen Politik und Privatsphäre löse sich angesichts totaler Fragmentierung der Gesellschaft auf.

Dennoch hat dieses Konzept einen Wert, der über seine historische Dimension hinaus weist. Es wurde außerhalb des deutschen Sprachkreises als normatives Konzept wiederentdeckt, mit dem gegen das Demokratiedefizit innerhalb der europäischen Union angearbeitet werden könnte (Kleinsteuber 2001). Das ist die Funktion des Diskurses über Öffentlichkeit, der unter Wissenschaftlern in Europa derzeit geführt wird. Auch als empirisches Konzept könnte es seine Tauglichkeit beweisen, wenn man die oben genannten Beispiele für Themendiskurse berücksichtigt, in denen Öffentlichkeit auch jetzt schon ihren nationalen Rahmen sprengt.

Ein zweites Konzept, das der Klärung der Voraussetzungen von Öffentlichkeit dienlich ist, ist das der Identität. Denn ein Zugehörigkeitsgefühl, wie es sich in Identität ausdrückt, ist notwendig, um an Öffentlichkeit teilzuhaben, sich für sie zu interessieren, darin zu streiten – auch zu streiten um Demokratie. Identität kann insofern als Element von Öffentlichkeit betrachtet werden. Dabei soll Identität als eine Chiffre für kulturell-historische Gemeinsamkeiten verstanden werden. Sie dient der Konstituierung kollektiver Zusammengehörigkeit. Fragt man nach dem materialen Substrat von Identität, so stellt man die Frage nach der Herstellung von Identität (d. h. nach einem Prozess, der eigentlich Identifikation heißen müsste, hier wird jedoch dem Sprachgebrauch gefolgt, der sich durchgesetzt hat). Diese Frage ist für Europa noch völlig offen.

Jede Identitätsform beinhaltet Abgrenzungen zwischen dem Innen und dem Außen, der Bezug dieser Abgrenzungen stellt allerdings wieder den Verweis auf materiale Substrate her: z. B. auf Normen, Werte, Codes, Verhaltensweisen, auf einen gemeinsamen Methaphernschatz, auf Praxis, Mythen, Bilder, Feiern, Rituale etc. Dabei ist Identifikation mit den verschiedensten Kollektiven denkbar und möglich: mit der Familie, dem Geschlecht, mit Religion, Ethnie, einem Verein, einer politischen Partei, mit der Internet-Gemeinde, mit Tekkies, Trekkies, Grufties etc., also auch – und unter anderem – mit Europa. Diese Vielschichtigkeit brachte Edgar Morin schon in den achtziger Jahren auf den Begriff der Poly-Identität: „Die europäische Identität kann wie jede andere Identität nur eine Komponente einer Poly-Identität sein. Wir leben in der Illusion, dass Identität etwas Einheitliches und Unteilbares ist, während sie eigentlich immer eine *unitas multiplex* darstellt. Wir alle sind Wesen mit einer Poly-Identität, weil wir eine familiäre, eine lokale, eine regionale, eine nationale, eine transnationale (slawische, germanische, lateinische) und letztlich auch eine religiöse oder weltanschauliche Identität in uns vereinigen." (Morin 1988: 199)

Allerdings stellt sich die Frage, ob es so etwas wie eine postnationale Identität im Sinne einer universalistischen Identität geben kann. Dass die nationale Identität die verbreitetste ist, liegt lediglich daran, dass sie die am meisten bemühte und vorherrschend politisch wirksamste und auch die am besten erforschte ist. Das Problem einer europäischen Identität bleibt vielmehr, dass Identifikation der Imagination dessen bedarf, was das Kollektiv ausmacht, mit dem Identifikation stattfindet. (Und dies ist dann die Wesenheit, die so oft der Identität angedichtet wird.) Dazu gehört auch, dass das Kollektiv – überindividuell – wiedererkennbar, im Raum lokalisierbar und über die Zeit hinweg existent sein muss. Hier ist der Stellenwert der europäischen Verfassungsdebatte anzusiedeln, die möglicherweise zu solch einem Identifikationsprozess beitragen könnte; und auch die Einführung des Euro mag in dieser Wirkung nicht zu unterschätzen sein.

Aus der Perspektive des Individuums ist Identität zunächst ein vage empfundener Zugehörigkeitsmodus, der der Selbstbeschreibung (und im übertragenen Sinne erst der Fremdzuschreibung) dient; es ist das Selbst, das sich in einem bestimmten sozialen, nationalen, ethnischen oder ähnlichem Kontext entwickelt, „das Wissen darum, innerhalb welchen Rahmens oder Horizonts man von Fall zu Fall zu bestimmen versucht, was wichtig, gut und wertvoll ist, was getan werden sollte, bzw. was abzulehnen ist“ (Taylor 1994: 55). Dieses Wissen, das auch Orientierung liefert, wandelt sich ständig und wird ständig neu interpretiert. Personale Identitäten sind also vielschichtig und komplex, sie lassen sich nicht auf ein einziges, nationales oder auch universalistisches Zugehörigkeitsgefühl festlegen. Insofern wäre Raum und Akzeptanz für eine europäische Identität – wenn sie denn Nahrung bekäme.

Wie könnte europäische Öffentlichkeit sich entwickeln bzw. gestaltet werden?

Es war auch Jürgen Habermas, der eine Debatte über eine europäische Verfassung als Beschleunigung bzw. Katalysator der Entwicklung einer europäischen Öffentlichkeit betrachtet hat. Diese würde entstehen, wenn sich „die intakt bleibenden Kommunikationskreisläufe der nationalen Arenen füreinander öffnen. Die nationalen Medien eines Landes müssen die Substanz der in anderen Mitgliedsländern geführten Kontroversen aufnehmen und kommentieren. Dann können sich in allen Ländern parallele Meinungen und Gegenmeinungen an derselben Sorte von Gegenständen, Informationen und Gründen herausbilden, gleichviel woher diese stammen“ (Habermas 2001). Das bedeutet, dass neue Kreise an der Debatte teilnehmen würden, die bisher nicht über die Grenzen hinweg diskutiert haben.

Ähnlich hat sich auch der ehemalige EU-Kommissionsvorsitzender Jacques Delors geäußert. Er sieht die Verfassungsdebatte als Umweg, auf dem die Bürger Europas für die Ziele Europas zu interessieren wären: „Möglichst alle sollen sich an dieser Debatte beteiligen, nicht nur die Regierungen, Parteien und Parlamente, sondern auch die Zivilgesellschaft, die Sozialpartner, die Intellektuellen und so weiter.“ (zitiert bei Kleinsteuber/Loitz 2001)

Auch in diesem Zusammenhang betont Habermas, dass eine europäische Öffentlichkeit auf „die vitalen Eingaben zivilgesellschaftlicher Aktoren“ (Habermas 2001) angewiesen sei. Eine europäische Öffentlichkeit sollte nicht allein von den europäischen Institutionen und den Entscheidungsträgern beherrscht sein, sondern den Einschluss von zivilgesellschaftlichen Akteuren beinhalten. Auch die Inklusion der von Entscheidungen Betroffenen in die öffentliche Debatte ist bedeutsam (Eder u. a. 1998: 325).

Zwei Modelle wurden diskutiert, wie die Entstehung einer solche europäischen Öffentlichkeit gedacht werden kann (Gerhards 2001):

– das Modell einer länderübergreifenden europäischen Öffentlichkeit im Sinne eines einheitlichen Mediensystem, dessen Informationen und Inhalte in den verschiedenen Ländern der EU rezipiert werden;

– die Vorstellung einer Europäisierung der nationalen Öffentlichkeit (für eine weitere Differenzierung vgl. van de Steeg 2000). Dieses Modell wird empirisch für wahrscheinlicher gehalten, und es könnte verwirklicht werden, wenn in den nationalen Öffentlichkeiten mit der Zeit immer stärker von den europäischen Entscheidungen und den die Entscheidung treffenden Eliten berichtet werden würde.

Dies vorausgesetzt bzw. für möglich gehalten, stellt sich die Frage, wovon eine solche Europäisierung der nationalen medialen Öffentlichkeiten abhängen würde. Sicherlich birgt der öffentliche Zugang, der über das Internet zu Brüssel geschaffen wurde, ein großes Potenzial, der beginnenden europäischen Öffentlichkeit nachhaltige Impulse zu geben, weil die Webseiten der EU eine bisher nicht dagewesene Informationsdichte und Zugänglichkeit bieten. Die EU hat in diesem Bereich gewaltige Anstrengungen unternommen: Derzeit sind mehr als 1,5 Millionen Dokumente abrufbar und mehr als 50, meist kostenlose Datenbanken zugänglich (Kleinsteuber/Loitz 2001). Auch das Europäische Parlament hat entsprechende Anstrengungen unternommen.

Gerhards verweist zudem auf das komplexe Zusammenwirken von Journalisten, Publikum und politischen Akteuren bei der Europäisierung nationaler Öffentlichkeiten (Gerhards 2001: 17ff.). Zuvorderst hängt diese von der Bereitschaft der Journalistinnen und Journalisten ab, über Europa zu berichten, aber auch von den Ressourcen, die dafür zu Verfügung stehen. Meyer hat festgestellt, dass die Menge der in Brüssel akkreditierten Journalisten seit dem Ende der achtziger Jahre kontinuierlich – vor allem nach dem Vertrag von Maastricht – angestiegen ist: Im Zeitraum von 1987 bis 1999 hat sich die Menge der in Brüssel akkreditierten Journalisten von 480 auf 820 erhöht, eine Steigerung von 85,4 % (Meyer 2000). Eine wichtige potenzielle Ressource, die aber bei weitem noch nicht ausreichend genutzt wird, könnten auch die nationalen Auslandssender sein, die europäisch orientierte Aktivitäten entfalten könnten. Öffentliche Rundfunksender sind bis jetzt noch kaum an der Schaffung eines europäischen Kommunikationsraumes beteiligt, hätten aber ebenfalls das Potenzial hierfür. Kommerzielle Sender indes sind in der Regel überfordert, die Komplexität europäischer Mehrsprachigkeit und kultureller Vielfalt in ihre Sender einzufangen: Bisher ist das nur mit Euronews, Arte und Eurosport gelungen; kommerzielle Sender sind eher an einfach strukturierten nationalen Sprachraummärkten interessiert.

Die Bereitschaft der Journalisten, über Europa zu berichten, ist ihrerseits stark an die Präferenzen des Publikums gebunden. Dessen Aufmerksamkeit wieder hängt von der Attraktivität und Wichtigkeit europäischer Themen ab. Von besonderem Interesse für die Frage der Demokratieentwicklung ist dabei die Tatsache, dass die Aufmerksamkeit des Publikums für europäische Themen unter anderem von den Einflussmöglichkeiten der Bürger auf die europäische Politik abhängt. Denn bemerkenswerterweise war in den Momenten, in denen die Mitbestimmungsmöglichkeiten der Bürger über europäische Belange groß gewesen ist – beispielsweise in den Ländern, in denen Referenden zum Maastrichter Vertrag abgehalten wurden – auch die öffentliche Debatte über Europa groß. „Insofern ist zu vermuten, dass eine Erweiterung der unmittelbaren Entscheidungsmacht der Bürger – sei es durch direkte Wahlen, sei es durch eine Stärkung des Parlaments – die politischen Akteure zu einer Legitimation ihrer Handlungsoptionen vor den Bürgern zwingt, und damit die öffentliche Debatte in Gang gesetzt wird. Und insofern kann man erwarten, dass eine Demokratisierung der EU die Entstehung einer europäischen Öffentlichkeit beflügeln würde." (Gerhards 2001: 19)

Die Entstehung europäischer Öffentlichkeit ist also nicht als ein monokausaler Prozess zu verstehen, sondern sie entsteht in dem Maße, in dem eine Öffnung der nationalen Öffentlichkeiten hin zu Europa stattfindet. Dazu gehört notwendigerweise das Zusammenwirken von Journalisten, politischen Akteuren und dem Publikum bzw. den Bürgern; sie alle sind gefordert, über den nationalen Tellerrand zu blicken.

Unter welchen Bedingungen könnte es europäische Öffentlichkeit geben?

Dennoch müssen über diesen komplexen Entstehungsprozess hinaus einige Bedingungen gegeben sein, damit er überhaupt stattfinden kann. Öffentlichkeit, so wurde konstatiert, ist öffentliche Meinung, die durch Informationsvermittlung, Debatte, Diskurs etc. in einem gegebenen Raum entsteht, und sie ist auf das Interesse der daran Teilhabenden angewiesen, das diese durch Identifikation entwickeln. Hier ist der Stellenwert der Bemühungen um eine europäische Verfassung und einen Grundwertekatalog als Kristallisationspunkt von europäischer Identität zu verorten. Medien haben daran mit ihrem gesamten Angebot einen Anteil: durch Nachrichten, Dokumentationen, also den gesamten nonfiktionale Bereich, aber auch durch Kultur, Sport und Unterhaltung, sofern sie den Erfordernissen bzw. Charakteristika von Öffentlichkeit Rechnung tragen, d. h. sofern sie informieren, kontrollieren, Plattform für Debatten bieten etc. Dem kommen kommerzielle Rundfunksender in einem deutlich geringeren Ausmaß als öffentlich-rechtliche Sender nach, schon allein, weil sie per se unterhaltungsorientiert sind.

Deshalb kommt den öffentlich-rechtlichen Sendern ein hoher Stellenwert zu. Allerdings darf ihnen diese Entfaltung in Richtung einer europäischen Öffentlichkeit nicht nur abgefordert, sie muss ihnen auch ermöglicht werden. Dazu ist eine europäische Medienpolitik notwendig, die den öffentlichen Rundfunk fördert, zumindest aber nicht behindert.

Ziele einer europäischen Medienpolitik, die die Schaffung einer europäischen Öffentlichkeit im Auge hat, sollten also sein:

– die Erhaltung des dualen Rundfunksystems mit einem starken öffentlichen Sektor,

– der Ausbau der Entwicklungs- und Bestandsgarantien für den öffentlichen Rundfunk einschließlich seiner finanzielle Absicherung,

– Antikonzentrationsregelungen, die die Medienvielfalt sichern,

– Förderung nichtkommerzieller Medien, weil diese in besonderem Maße Minderheitenmeinungen transportieren (vgl. Kleinsteuber 1991).

Fazit

Europäische Öffentlichkeit ist ein schillernder Begriff. Die Voraussetzungen zu ihrer Entwicklung sind – was Medienangebote und Themen, was die Haltung der Europäer zu Europa und was die Praxis der Akteure angeht – nicht günstig. Europäische Öffentlichkeit hat zwei Säulen zur Voraussetzung, die es zu stärken gilt:

– die Demokratisierung des politischen Prozesses, damit Identifikation im Sinne von Interesse, von Teilhabe etc. möglich werden;

– die Vermittlung dieses Prozesses, also die Darstellung europäischer Politik in den Medien; diese müssen also ihrer Aufgabe, Öffentlichkeit herzustellen, auf europäischer Ebene gerecht werden – wozu eine Stärkung der Nichtkommerzialität im Medienbereich ein wesentliches Element ist.

Dabei ist ein Gedanke fortzuschreiben, der auch schon auf nationaler Ebene seine Gültigkeit hatte: Öffentlichkeit ist nicht als holistisches, als geschlossenes System zu sehen, sondern als eine Vielfalt von ineinander verschränkten Öffentlichkeiten. Und so kann auch europäische Öffentlichkeit als eine Vielfalt unterschiedlicher Erscheinungsformen gedacht werden:

– als Netzwerk regionaler Öffentlichkeiten
– als themenbezogene Interessengemeinschaften
– als demokratischer Akteur auf europäischer Ebene
– als Markt für europaweit vertriebene Medienprodukte
– und als Zusammenwirken all dessen.

Auf all diesen Ebenen ist Entgrenzung, ist Europäisierung voranzutreiben.

Wilfried von Bredow hat Europa als eine Union zum Einschlafen bezeichnet: Es gebe keine Impulse, keine Identifikationspunkte – es gebe nur Technokraten oder Kassandren. Er hat gefordert und die Notwendigkeit betont, Europa leben und lieben zu lernen. Das mag sicher für viele zu pathetisch klingen. Aber wenigsten Europa leben zu lernen – im Sinne eines Denkens und Handelns, das über die nationalen Grenzen hinaus reicht: Das sollte machbar sein.

Literatur

Eva Kreisky: In schlechter Verfassung?

Arendt, Hannah (1963). Über die Revolution, München.

Arendt, Hannah (1970). Macht und Gewalt, München.

Blumenberg, Hans (1983). Säkularisierung und Selbstbehauptung, 2. Aufl., Frankfurt/M.

Boldt, Hans (1996). Verfassung/ Verfassungstheorie, in: Dieter Nohlen (Hg.), Wörterbuch Staat und Politik. 4. Aufl., München-Zürich, 817-820.

Frankenberg, Günter (1997). Die Verfassung der Republik. Autorität und Solidarität in der Zivilgesellschaft, Frankfurt/M.

Fukuyama, Francis (1992). Das Ende der Geschichte. Wo stehen wir, München.

Gottweis, Herbert (1997). Neue soziale Bewegungen in Österreich, in: Herbert Dachs et al. (Hg.), Handbuch des politischen Systems Österreichs. Die Zweite Republik, Wien, 342 – 358.

Habermas, Jürgen (1987). Über den doppelten Boden demokratischen Rechtsstaats, in: Jürgen Habermas, Eine Art Schadensabwicklung, Frankfurt/M., 18-23.

Haider, Jörg (1992). Wiener Erklärung zur Situation von Staat und Gesellschaft am Vorabend der Beitrittsentscheidung über ein gemeinsames Europa, hrsg. von der Bundesgeschäftsstelle der FPÖ, Wien.

Haider, Jörg (1993). Die Freiheit, die ich meine, 4. Aufl., Frankfurt/M.-Berlin.

Hefler, Günter (2000). „Bleiben wir realistisch, ohne ... geht gar nichts“. Apokryphe Elemente einer radikalen Demokratietheorie Hans Kelsens, in: Silvia Stoller / Elisabeth Nemeth / Gerhard Unterthurner (Hg.), Philosophie in Aktion. Demokratie – Rassismus – Österreich, Wien, 72-82.

Honneth, Axel (1993). Kampf um Anerkennung, Frankfurt/M.

Lietzmann, Hans (1993). „Verfassungspatriotismus“ und „Civil society“. Eine Grundlage für Politik in Deutschland? in: Rüdiger Voigt (Hg.), Abschied vom Staat – Rückkehr zum Staat?, Baden-Baden, 205-227.

Luhmann, Niklas (1990). Verfassung als evolutionäre Errungenschaft, in: RJ, 176 ff.

Marshall, Thomas H. (1949/1992). Bürgerrechte und soziale Klassen. Zur Soziologie des Wohlfahrtsstaates, Frankfurt/M.-New York.

Pilz, Peter (2000). Die Vierte Republik. Der Weg zur Reformmehrheit, Wien.

Preuß, Ulrich K. (1990). Revolution, Fortschritt und Verfassung. Zu einem neuen Verfassungsverständnis, Berlin.

Ptak, Ralf/ Schui, Herbert (1998). Das FPÖ-Dreieck. Rechtsextremes Fundament – Neoliberale Substanz – Marktgerechte Präsentation, in: Kurswechsel, 1, 98-113.

Rödel, Ulrich/ Frankenberg, Günter/ Dubiel, Helmut (1989). Die demokratische Frage, Frankfurt/M.

Schandl, Franz (1998/2001). Politisches Marodieren. Phänomenologie und Charakter der Haider-Bewegung, in: http://contextxxi.mediaweb.at/texte/archiv/wuz980412. html.

Seeßlen, Georg (2000). Wie werde ich Rechtspopulist? in: http://www.jungle-world.com/Texte/seesslen.htm.

Vorländer, Hans (1999). Die Verfassung. Idee und Geschichte, München.

Brants, Kees/Siune, Karen (1992): Public Broadcasting in a State of Flux. In: Siune, Karen/Truetzschler,Wolfgang (Hrsg.) (1992): Dynamics of Media Politics. London, 101-115.

Eder, Klaus / Hellmann, Kai-Uwe / Trenz, Hans-Jörg (1998): Regieren in Europa jenseits der öffentlichen Kommunikation? Eine Untersuchung zur Rolle von politischer Öffentlichkeit in Europa. In: Kohler-Koch, Beate (Hrsg.): Regieren in entgrenzten Räumen. Sonderheft 29 der PVS, Opladen, 321-344.

Eder, Klaus/Kantner, Cathleen (2000): Transnationale Resonanzstrukturen in Europa. In: Maurizio Bach (Hrsg.): Die Europäisierung nationaler Gesellschaften. Sonderheft 40 der Kölner Zeitschrift für Soziologie und Sozialpsychologie, Opladen, 306-331.

Europarat (1994): The Media in a Democratic Society. Draft Resolutions and Draft Political Declaration, 4th European Ministerial Conference on Mass Media Policy, Prag, 7.-8. Dezember. Straßburg: Europarat MCM-CDMM (94) 3 prov. 1.

Gerhards, Jürgen (1993), Westeuropäische Integration und die Schwierigkeiten der Entstehung einer europäischen Öffentlichkeit. In: Zeitschrift für Soziologie 22, 96-110.

Gerhards, Jürgen (1997): Diskursive versus liberale Öffentlichkeit: Eine empirische Auseinandersetzung mit Jürgen Habermas. In: Kölner Zeitschrift für Soziologie und Sozialpsychologie 49, 1-39.

Gerhards, Jürgen (2000): Europäisierung von Ökonomie und Politik und die Trägheit der Entstehung einer europäischen Öffentlichkeit. In: Sonderheft 40 der Kölner Zeitschrift für Soziologie und Sozialpsychologie (Hrsg. Maurizio Bach): Die Europäisierung nationaler Gesellschaften, Opladen, 277-305.

Gerhards, Jürgen (2001): Das Öffentlichkeitsdefizit der EU im Horizont normativer Öffentlichkeitstheorien Vortrag gehalten auf der Tagung „Bürgerschaft, Öffentlichkeit und Demokratie in Europa“ im Wissenschaftszentrum für Sozialforschung in Berlin, 6. und 7. Juli 2001. In: Kaelble, Hartmut / Kirsch, Martin / Schmidt-Gernig, Alexander (Hrsg): Transnationale Öffentlichkeiten und Identitäten im 20. Jahrhundert, Frankfurt 2002 (im Erscheinen)

Gramberger, Marc R. (1997): Die Öffentlichkeitsarbeit der Europäischen Kommission 1952-1996, Baden-Baden.

Grimm, Dieter (1995): Braucht Europa eine Verfassung? München.

Habermas, Jürgen (2001), „Warum braucht Europa eine Verfassung?“, in: Die Zeit, 27, 28. Juni 2001, 7.

Habermas, Jürgen (1992): Faktizität und Geltung: Beiträge zur Diskurstheorie des Rechts und des demokratischen Rechtsstaats, Frankfurt/Main.

Habermas, Jürgen (1996), „Drei normative Theorien der Demokratie“, in: ders. (Hrsg): Die Einbeziehung des Anderen. Studien zur politischen Theorie, Frankfurt/Main, 277-292.

Habermas, Jürgen (1996a): Braucht Europa eine Verfassung? Eine Bemerkung zu Dieter Grimm. In: ders., Die Einbeziehung des Anderen. Frankfurt/Main, 185- 191.

Hickethier, Knut (2001): Antrag auf Einrichung des Sonderforschungsbereiches Veränderungen von Öffentlichkeiten, (SFB 1824) Hamburg.

Hoffmann-Riem,Wolfgang (1994): Stadien des Rundfunk-Richterrechts. In: Jarren,

Otfrid (Hrsg.): Medienwandel – Gesellschaftswandel? 10 Jahre dualer Rundfunk in Deutschland – Eine Bilanz, Berlin, 17-34.
Kevin, Deirdre (2001): Debates about Europe in the National News Media. In: Bajomi-Lázár, Péter/Hegedüs, Istvàn (Hrsg.): Media and Politics. Conference Papers on the Interplay of Media and Politics. New Mandate Publishing House, Budapest, 219-234.
Kleinsteuber, Hans J. (2001): Die Genese einer europäischen Öffentlichkeit. Habermas, die Public Sphere und deren Bedeutung für Europas Zukunft. In: Clemens, Gabriele/Gutjahr, Ortrud (Hrsg.): Europa im Blick, Paderborn (im Erscheinen).
Kleinsteuber, Hans J./Loitz, Tanja (2002): Politische Öffentlichkeit durch neue Medien. Das Beispiel Europäische Union. In: Peter Filzmaier (Hrsg.): Internet und Demokratie, Innsbruck (im Erscheinen).
Kleinsteuber, Hans J./Thomaß, Barbara (1996): Konkurrenz versus Konzentration. Unternehmensverflechtungen im globalen Medienmarkt. In: Meckel, Miriam/Kriener, Markus (Hrsg.): Internationale Kommunikation, Opladen, 125-144.
Kleinsteuber, Hans J. (Hrsg.) (1991): Radio – Das unterschätzte Medium. Erfahrungen mit nicht-kommerziellen Lokalstationen in 15 Staaten, Berlin.
Kommission der Europäischen Gemeinschaften (2000): Weißbuch „Regieren in der Europäischen Union. Die Demokratie in der Europäischen Union vertiefen", Brüssel, 11.10.2000, SEK(2000) 1547/7 endg.
McChesney, Robert (1999): Rich Media, Poor Democracy. University of Illinois Press.
Meyer, Christoph O. (2000): Ansätze einer europäischen Öffentlichkeit: Länderübergreifender investigativer Journalismus und der Rücktritt der EU-Kommission. In: Baerns, Barbara/Raupp, Juliana (Hrsg.): Information und Kommunikation in Europa. Transnational Communication in Europe, Berlin, 107- 127.
Morin, Edgar (1988): Europa denken, Frankfurt.
Sánchez-Tabernero, Alfonso (1993): Media Concentration in Europe. Commercial Enterprise and the Public Interest. The Europan Institute for the Media, Düsseldorf.
Scharpf, Fritz W. (1999): Demokratieprobleme in der europäischen Mehrebenenpolitik. In: Merkel Wolfgang/Busch, A. (Hrsg.): Demokratie in Ost und West. Für Klaus von Beyme, Frankfurt/Main, 672-694.
Siune, Karen/Hultèn, Olof (1998): Does Public Broadcasting Have a Future? In: McQuail, Denis/Siune, Karen (Hrsg.): Media Policy. Convergence, concentration & commerce, London, 23-37.
Sjurts, Insa (2000): Chancen und Risiken im globalen Medienmarkt – Die Strategien der größten Medien-, Telekommunikations- und Informationstechnologiekonzerne. In: Hans-Bredow-Institut (Hrsg.): Internationales Handbuch für Hörfunk und Fernsehen 2000/2001, Baden-Baden.
Trenz, Hans-Jörg (2000), Korruption und politischer Skandal in der EU. Auf dem Weg zu einer europäischen, politischen Öffentlichkeit?", in: Maurizio Bach (Hrsg.): Die Europäisierung nationaler Gesellschaften. Sonderheft 40 der Kölner Zeitschrift für Soziologie und Sozialpsychologie, Opladen, 332-359.
Thomaß, Barbara/Kleinsteuber, Hans J./Gries, Werner (2002). Medien und Wissensgesellschaften. In: Hauchler, Ingomar/Messner, Dirk/Nuscheler, Franz (Hrsg.): Globale Trends 2002. Fakten, Analysen, Prognosen, Frankfurt, 181-198.
Tumber Howard (1995): Marketing Maastricht: the EU and news management. In: Media, Culture and Society 17, 511-519.

van de Steeg, Marianne (2000): An Analysis of the Dutch and Spanish Newspaper Debates on EU Enlargment with Central and Eastern European Countries: Suggestions for a transnational European Public Sphere. In: Baerns, Barbara/Raupp, Juliana (Hrsg.): Information und Kommunikation in Europa. Transnational Communication in Europe, Berlin, 61-87.

Autorinnen und Autoren

Daniela Graf, Studienabschluss an der Hochschule für Musik und darstellende Kunst. Berufliche Tätigkeit im Bereich Kulturmanagement und Erwachsenenbildung. Geschäftsführende Obfrau der Grünen Bildungswerkstatt Österreich. Unterstützende Mitarbeit bei Konzept und Durchführung der Grünen Sommerakademie 2001

Eva Kreisky, Dr., geboren 1944 in Wien. Studium der Rechtswissenschaften und Postgraduiertenstudium der Politikwissenschaft am Inst. f. Höhere Studien in Wien. 1979-89 Leiterin der Abtlg. Politikwissenschaft am IHS, 1989-93 Professur an der Freien Univ. Berlin, 1993-95 Gastprofessur für Geschlechterverhältnisse, seit 1995 o.Univ.Prof. für Politische Theorie und Ideengeschichte am Institut für Politikwissenschaft an der Universität Wien. Forschungsfelder: Politische Theorie und Ideengeschichte, insbesonders Staats-, Institutionen- und Bürokratietheorie, Frauen- und Geschlechterforschung

Robert Luschnik, Mag., geboren 1967 in Graz. Studium der Rechtswissenschaften an der Karl-Franzens-Universität Graz und an der Universität Wien. 1994-2001 Klubdirektor des Grünen Gemeinderats- und Landtagsklubs im Wiener Rathaus. Seit 2001 Klubdirektor des Grünen Klubs im Parlament.

Ekkehard Muther, Mag., geboren 1955 in Bregenz, Studium der Romanistik und Germanistik in Innsbruck und Toulouse. Arbeitet als Lehrer am Bundesgymnasium in Dornbirn. Obmann der Grünen Bildungswerkstatt Vorarlberg. Verantwortlich für Konzept und Durchführung der Grünen Sommerakademie 2001.

Alexander Pollak, Mag., geboren 1973 in Wien. Studium der Wirtschaftswissenschaften, zur Zeit Doktoratsstudium im Bereich der angewandten Sprachwissenschaften/Diskursanalyse. Wissenschaftlicher Mitarbeiter am Forschungsschwerpunkt „Diskurs, Politik, Identität" der Österreichischen Akademie der Wissenschaften.

Barbara Thomaß, Dr., geboren 1957 in Bremen. Studium der Publizistik, Politischen Wissenschaft und Volkswirtschaftslehre an der FU Berlin und in Grenoble. Habilitationsstipendiatin der *Deutschen Forschungsgemeinschaft* am Institut für Politische Wissenschaft der Universität Hamburg. Forschungsschwerpunkte: Journalistische Ethik und Medienethik, europäische Medienpolitik, internationale Mediensysteme, regionale Medien in Europa

Dimitris Tsatsos, Dr. Dr. h.c., geboren 1933 in Athen. Studium der Rechtswissenschaft in Athen und emer. Professor an der juristischen Fakultät der Universität Hagen und an der Pantios Universität Athen, Mitglied des Europäischen Parlaments (Griechenland), Mitglied der Fraktion der Sozialdemokratischen Partei Europas, Mitglied des Ausschusses für konstitutionelle Fragen, Präsident des Zentrums für Europäisches Verfassungsrecht in Athen.

Alexander Van der Bellen, Dr., geboren 1944 in Wien. Studium der Volkswirtschaft an der Universität Innsbruck. 1968-1975 wiss. Mitarbeiter an der Universität Innsbruck, 1972-1974 am Wissenschaftszentrum Berlin, 1976-1980 ao. Univ. Prof. an der Universität Innsbruck. Seit 1980 Ordentlicher Universitätsprofessor für Volkswirtschaftslehre an der Universität Wien. Bundessprecher der Grünen seit Dezember 1997, Obmann des Grünen Klubs seit 1999.

Johannes Voggenhuber, geboren 1950 in Salzburg. Mitbegründer der Grünen Österreichs, seit 1977 in unterschiedlichen Funktionen politisch tätig. Seit 1991 Europasprecher der Grünen.Ko-Berichterstatter des Europäischen Parlaments zur Grundrechtecharta der Europäischen Union, Mitglied im Konvent zur Erarbeitung der Grundrechtecharta, seit 2002 Mitglied im Konvent zur Zukunft Europas. Publikationen zur europäischen Integration, Urbanistik und Demokratie.

Matthias Weimayr, Dr., geboren 1962 in Mödling, Studium der Politikwissenschaft, Publizistik/Kommunikationswissenschaft an der Universität Wien, Lektor am Institut für Politikwissenschaft an der Universität Wien. Forschungsschwerpunkte: politische Theorie des Mittelalters und der frühen Neuzeit, Geschlecht und Macht, Wissenschaftsgeschichte, politische Utopien.